The First Company
ザ・ファースト・カンパニー
2025

ダイヤモンド経営者倶楽部◆編

新市場を
創造し
未来を
切りひらく

ダイヤモンド社

ザ・ファースト・カンパニー2025◎目次

【目次】

PART 1

飛躍のステージに立つ次代の主役

新規上場企業特集

PART 2 独自の競争優位性を強みに新市場を創造

本文中の企業データは、特に明記したものがない場合、2025年3月10日現在のものです。

PART 1

飛躍のステージに立つ次代の主役

今なおベンチャー精神に溢れ業界を変革してきた大企業から、一点突破型の個性的な企業、直近の新規上場企業まで、注目の上場企業を紹介する。

SBSホールディングス

積極的なM&Aと〝多国籍軍〟が生み出す終わりなき成長
目指すは1兆円超！世界を代表する総合物流グループへ

代表取締役社長　鎌田 正彦

名もなき小さな軽貨物会社から、1代で年商4000億円を超える総合物流グループへ。その劇的な成長をもたらしたのは、積極的なM&Aと「社長自ら単身で乗り込み改革を進めた」各社の成長の相乗だ。それぞれの強みや多様な価値観が融合し、自ら〝多国籍軍〟と呼ぶフラットで変容力の高い企業文化を醸成。規模が規模を生む好循環を生み出している。

「トラック1台買うにも2000万円はかかる。さらに倉庫をつくって、システムを入れてと、物流の仕事は先行投資が非常に大きい。会社に体力がないと、ふとしたアクシデントであっという間に破綻する。そもそも超大手企業に価格勝負を挑まれたら勝ち目がなく、実際にこれまで何度も苦汁を飲まされてきた。大手と伍《ご》して戦える、つぶれない会社へ。そのためには規模のメリットを追求すること、M&Aを加速させていくことは必然でした」

上場を果たした翌2004年に「自社の2倍の売上げ」の雪印物流の株式を取得して以降、次々と大手物流子会社のM&Aを実現。破竹の勢いで事業を広げてきたSBSホールディングス社長の鎌田正彦は、〝成長への渇望〟の原点にあるものを語る。

一方、創業前に勤めていた物流会社で「社会における物流の重要性」に気づいたこと。しかし、どの企業も得意領域以外は受けつけないことへの疑問から、自分たちはそうではなく、頼まれた仕事に「できない」といわない。「何でもどこへでも運べるような」企業を目指してきた。

圧倒的な〝現場力〟でグループ企業の改革を推進

東急ロジスティック(現・SBSロジコム)は20年間で2倍強、リコーロジスティクス(現・SBSリコーロジスティクス)は6年で1・4倍。これは、主要グループ会社のM&A実施時点と現在との売上高の比較だ。

わが社はこれで勝負!

108万坪

2024年2月竣工「野田瀬戸物流センター」(千葉県野田市)

SBSグループが運営する倉庫、物流センターの総運営面積は108万坪。2024年も、延床面積4万坪の「野田瀬戸物流センター」(物流事業者が運営する倉庫としては国内最大)を筆頭に11.7万坪ほど増加し、今後も多くの増床計画を持つ。また2024年は2件の不動産の流動化を図っており、譲渡益の合計は約75億円になる。

このデータからもわかるように、同社のM&Aは単なる足し算ではない。グループ入りを機に、企業それぞれが成長を遂げ、グループ全体の相乗や底上げにも寄与しているのだ。

これらの強さの要因を探ると、「圧倒的な現場力の高さ」と「フラットな関係性」が大きなキーワードになっていることがわかる。

M&A後は、鎌田が相手先企業に単身で入り込むところからスタートする。トラックや倉庫一つひとつの荷積みや管理の実態を調べ、無駄を排除し効率化を図る方法を伝授。今後のあり方を一緒に考える。パート・アルバイトをあてられる作業は人員を置き換え、社員は営業に注力させる。「これまでは親会社関連の仕事ばかりで、営業という発想がなかったため、飛び込み、電話、DMなどに地道に取り組むだけでも、大きく業績が変わってくる」と鎌田は言う。

また非効率な倉庫は統廃合を行い、大きな物流センターを建設して集約する。「土地を買って、建てて貸して、不動産流動化によって手元流動性を高めて、さらに新規投資をする」という同社ならではの成長モデルは、こうして形づくられてきた。

一方、「ホールディング・カンパニーは〝多国籍軍〟。社員の多くがM&A先企業からの出向・転籍者で形成されている」という独特の人事が、グループ間のフラットな関係性を生み出している。「企業を買った買われた、親会社子会社ではなく、『仲間が増えた』という感覚。次々と増えていくので、新しい社員への違和感や疎外感というものがない」と、鎌田は笑顔で語る。

PROFILE

鎌田 正彦
かまた まさひこ

1959年、宮崎県出身。宮崎県立延岡高等学校を卒業後、1979年に佐川急便入社。8年間ドライバーとして勤務。1987年に関東即配（現・SBSホールディングス）を設立。

物流業界の再編が進み、本業注力のために物流子会社を切り離す企業が多いことから、M&Aの依頼は一段と増えているという。「リストラをしない。グループ入りした後もしっかり業績を伸ばす。それによって社員の待遇も向上する。日本の企業は売買の金額以上に、『M&Aの後がどうなるか』を優先し、私たちの実績を好意的にみていただけることが多いのです」

労働集約型から〝ハイテク産業〟へ業界のイメージを転換

グループの現在の事業は、荷主企業の物流業務を包括して受託・運用する3PL事業を軸に、各社それぞれの強みを生かして、国際物流・専門物流・食品物流などを幅広く手がけている。さらに、ロジスティクス戦略の立案・企画推進から実際の3PL事業まで「コンサルティングと実物流」双方を一気通貫で対応できることを武器に、近年は4PL事業も拡大中だ。

今後の大きなテーマとして挙がるのは、EC物流と「LT×IT」をコンセプトに掲げる独自の物流ソリューションだ。

（左）「LT×IT」をコンセプトにロボット開発に注力。省力化・省人化を推進する。（右）中古ディーゼルトラックをEVに改造する実証実験の様子。鎌田社長自ら運転に臨む

前者は２０２２年12月に「ＥＣ物流お任せくん」をローンチした。これまで培ってきた３ＰＬのノウハウをプラットフォーム化したサービスで、中小事業者でも「大手企業と同等の物流品質」を短納期・低価格で導入できるものだ。さらに、置き配サービスの「ＳＢＳ Ｅｃｏロジ便」もスタート。ＥＣ専用の物流センターやラストワンマイル体制の強化も合わせて推進している。

ＬＴとは、Logistics Technology（物流技術）のこと。これまで同社は、ＧＴＰ（高層型棚置など）、ＡＧＶ・ＡＭＲ（施設内移動）の両面から自社ロボットの開発に注力し、省力化や省人化、年々高度化する業務に対応するシステム環境を整えてきた。ＥＣ物流への注力も、「ＬＴ×ＩＴ」の技術力があってこそだ。

「労働集約型のイメージが強い物流業界ですが、やがて〝ハイテク産業〟として評価される時代がきます。私たちは絶えず、その最先端であり続けたい。そして日本のトップクラスの学生が、大きな夢を求めて集まってくるような、そんな企業グループに育て上げていきたいですね」

そう語る鎌田は、常日ごろから自社を「メガベンチャー」と表現する。「どんどん挑戦していく。瞬時に決断する。決めたら必ずやり抜く」。企業規模がどれだけ大きくなっても、このベンチャー精神を大切に受け継いでいく。それが何よりもの競争力になるのだと。

コロナ禍以降の消費の減退や物流の2024年問題などで、この2年ほど同社の業績は足踏みが続いた。しかし、反騰の準備は整っている。設備投資は勢いを増し、海外事業も加速中だ。

「デンマークにDSVという物流会社があります。1970年代にわずか10人のトラック運転手でスタートし、M&Aを繰り返して今や3兆円企業。彼らにできることなら、自分たちにも絶対できるはず。それが社内の合言葉です。まずは売上高1兆円へ。そして私が社長の間に、国内ナンバーワンの物流会社をつくり上げることが当面の目標です」

SBSホールディングス株式会社

〒160-6125
東京都新宿区西新宿8-17-1
住友不動産新宿グランドタワー25階
☎03-6772-8200
https://www.sbs-group.co.jp/

設　立●1987年12月

資本金●39億2000万円

従業員数●2万3513名（2024年12月末現在、連結）

売上高●4481億4500万円（2024年12月期連結）

事業内容●3PL、4PL、EC物流、輸配送、倉庫・物流センター、流通加工から国際物流まであらゆる物流ニーズにお応えする総合物流企業

［東証プライム］

アース製薬

虫ケア用品トップメーカーの実績を強みにグローバルへ さらに「MA-T」を起点とした未知なる市場を創造

代表取締役社長CEO 川端 克宜

ごきぶりホイホイやアースノーマット、モンダミンなど、誰もが知るロングセラー製品をいくつも輩出し、虫ケア用品市場におけるシェアは過半数を超える。これらの実績を生かして近年はグローバル展開を加速し、「MA-T」に代表されるオープンイノベーションにも積極的だ。歴史と伝統に甘んじることない独自の〝プラベン〟の精神が、新たな可能性を育んでいる。

徹底したお客さま目線と、変わり続けることを良しとする企業文化。設立からちょうど100年となる長い歴史を持ち、数々のロングセラー製品を輩出し続けてきたアース製薬の強さは、大きくこの2つの言葉に集約することができるだろうか。

前者でいえば、製品開発の基本姿勢として〝二度の感動〟という考え方を受け継ぐ。「一度目は買う時、求めていたものが見つかったという感動です。さらに大切なのは買った後、実際に使ってみて効果があったという感動です。この2つの感動を生み出してこそ、長く愛され続ける製品が生まれるのです」。そう語るのは、同社の社長として、さらにグループ各社の会長として経営の最前線に立つ川端克宜だ。

また、常に店頭に立ち、消費者の購買行動を注視することにも重きを置く。「どの製品と比べたか、手に取るまでにどれくらい悩んだかなど、データから見えない消費者の行動心理を読み取っていくことは非常に大切です。この点は徹底してこだわってきました」

〝お客さま目線〟の追求は、変化への対応力にもつながっている。「変わらず受け継いでいくことが伝統ではなく、小刻みに変わり続けるからこそ伝統になる。会社が長く続くということは、長くお客さまに必要とされてきたということ。変化し続けることができたということです」

興味深いのは、臆《おく》することなく「過去の成功体験を否定できる」企業文化があることだ。「時代に合わないと思っ

わが社はこれで勝負!

57.3%

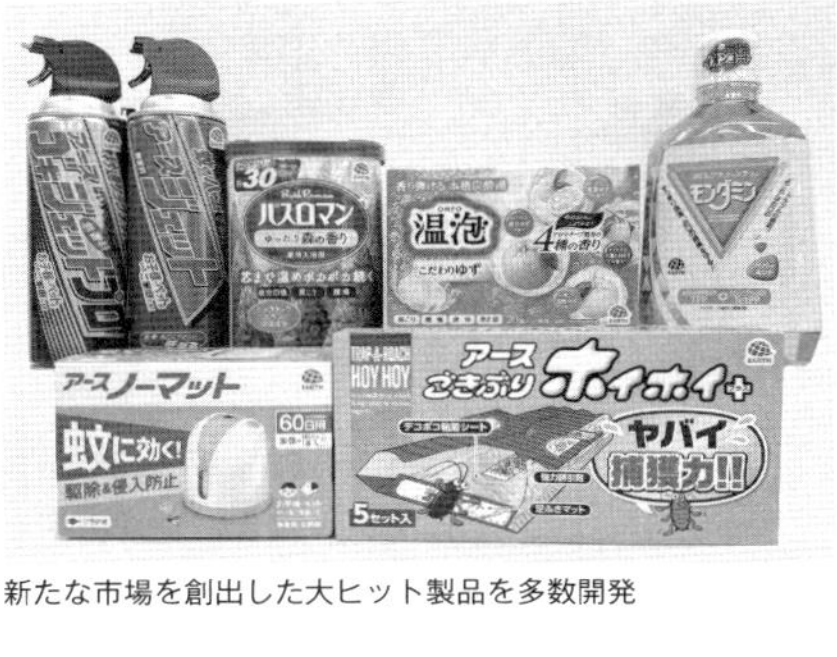

新たな市場を創出した大ヒット製品を多数開発

国内の虫ケア用品市場は約1394億円。年々伸長しているなかで、アース製薬のシェアも着実に拡大。現在57.3%を占める。また、入浴剤市場におけるシェアも40%を超えている。海外市場も虫ケア領域を中心に急成長。タイ82億円、ベトナム69.5億円など、200億円を超える規模に育つ。輸出事業も非常に好調だ。

出所：インテージSRI+ 2024年1月～12月販売累計金額（グループ計）

ても、先輩たちがつくり上げてきたものを覆《くつがえ》すことは一般的に難しい。しかし、当社にはその転換を許容し、改革を促す風土があり、大きな強みになっています」

攻めの姿勢を掲げ、M&Aとグローバル展開を軸に中長期的な企業像を描く

会社の歴史をひも解くと、大阪難波で創業した木村秀蔵が、炭酸マグネシウムの国産化の成功を経て、前身となる木村製薬所を設立したのが1925年のこと。1929年には家庭用殺虫剤「アース」が発売され、今に至る「虫ケア用品事業」の根幹が形づくられていった。

飛躍の契機になったのは、1970年に大塚グループが資本参加したことだ。3年後に不朽のロングセラー「ごきぶりホイホイ」が発売され、その後も「アースレッド」「ダニアース」「アースノーマット」など、次々とヒット製品が生まれた。一方、オーラルケアの習慣を日本に持ち込んだ「モンダミン」を1987年に発売。新たな市場をつくり出している。

川端が入社したのは1994年。広島支店、大阪支店、ガーデニング戦略本部など、業績が振るわなかった各部門の立て直しを次々と成功させ、2014年に42歳で社長に抜擢される。

その若さを武器に打ち出したのが、積極的な〝攻め〟の姿勢と、中長期的な未来を俯瞰《ふかん》した経営戦略だ。「先代の大塚達也会長から、『10年20年先を見据えた仕事をしてくれ』といっていただき、それは非常にありがたかった」と、当時を振り返る。

PROFILE

川端 克宜
かわばた かつのり

1971年、兵庫県出身。近畿大学卒。1994年アース製薬に入社。大阪支店長、取締役ガーデニング戦略本部長などを経て、2014年3月代表取締役社長に就任。2021年代表取締役社長CEO。グループ各社の取締役会長を兼任。

具体的な取り組みは、M&Aとグローバル展開が大きな柱となった。前者は社長就任の年に白元、2年後にジョンソントレーディング、その翌年にはアース・バイオケミカル（現・アース・ペット）を完全子会社化。2012年に買収したバスクリンとともに、現在の業績に大きく寄与している。

後者は、2015年の上海での販売会社設立を機に攻勢を開始。「赤道近くの一年中暖かく、人口があって経済成長している場所」としてアセアン地区に照準を定め、ベトナム、マレーシア、フィリピンなどに進出した。「まだ売上げもわずかしかなく、社内では海外赴任は〝左遷〟と受け止められがちだったため、『これからは海外に行くのがエリートだ』という空気感をつくり、エース人材を次々に投入していきました」

一方、川端は「殺虫剤」という表現を改め、「虫ケア用品」という新たな概念を提唱した。これは同社のみならず、市場全体の底上げ効果をもたらし、現在の「駆除から予防へ」への意識の変化にもつながっている。

広範な社会実装が期待できる酸化制御技術「MA-T System(R)」によるオープンイノベーションの取り組みが評価され「第6回日本オープンイノベーション大賞」内閣総理大臣賞を受賞

〝日本発の新技術〟をより多くの企業とともに

2024年2月、同社は内閣府による「第6回日本オープンイノベーション大賞」において、最高位の内閣総理大臣賞を受賞した(注1)。これは「MA-T System®」の社会実装を目的としたプラットフォームが、日本におけるオープンイノベーションのロールモデルになると認められたもので、「この仕組みや考え方が評価されたことは非常に嬉しかった」と川端は語る。

「MA-T System®」とは、日本発の革新的な酸化制御技術のこと。その活性度を巧みに制御することで多様な用途が考えられ、現在は感染制御、医療・新薬、食品衛生、農業・林業、表面酸化、エネルギーと6つの領域が想定されている。

同社は自社の事業のみならず、〝日本発の新技術〟をもっと開花させるためにも、より多くの企業に開放していこうと考えた。立ち上げから4年で早くも会員は120社を超えており、どんな市場が生まれていくのか期待は大きい。

(注1) 日本MA-T工業会、大阪大学、株式会社エースネット、株式会社dotAquaとともに受賞

このような取り組みとともに、近年同社が掲げるスローガンが「感染症トータルケアカンパニー」への挑戦だ。コロナ禍にかかわらず、今後も感染症対策は大きなテーマ。培ってきた数々の技術を生かして、事業を通じた社会課題の解決に力を注いでいこうと考えている。

もう一つ、同社の企業姿勢を表すキーワードに〝プラベン〟がある。これは「プライムベンチャー」の略で、商標も取得しているという。歴史ある大企業であっても、ベンチャーの気持ちを持って挑戦を続け、自らファーストペンギンとなり失敗を恐れずに前向きに攻めていく〝一流ベンチャー〟としてのあり方を、川端は繰り返し社内で説いている。

そして「入社した時の感動が、入社後にもっと上回ることができる〝良い〟会社へ」。就職先としても〝二度の感動〟を生み出せるように、これからも丁寧に歴史を紡いでいく。

アース製薬株式会社
〒101-0048
東京都千代田区神田司町2-12-1
☎03-5207-7451
https://corp.earth.jp/

設　立●1925年8月（創業1892年）
資本金●101億9200万円
従業員数●4878名（連結。2024年12月末現在）
売上高●1692億7800万円（2024年12月期連結）
事業内容●「虫ケア」領域を中心とした医薬品、医薬部外品、医療用具、家庭用品などの製造・販売並びに輸出入
［東証プライム］

スプリックス

生徒一人ひとりから溢れ出るニーズの〝ど真ん中〟を追求 学習塾と基礎学力事業の相乗で世界のトップブランドへ

代表取締役社長 常石 博之

個別指導塾「森塾」に代表される学習塾事業と、すべての学力の土台となる基礎学力事業を両輪に成長。創業の理念を大切に生徒一人ひとりに寄り添う企業姿勢と、独自の教材開発やＩＴ投資などを基盤とする〝指導力の仕組み化〟が大きな強みで、業界ナンバーワンとなる新事業も次々に輩出。目指すのは、総合教育企業としての世界的なブランドの確立だ。

「やればできる」の1回転目をどう回すか。スプリックスの教育の出発点は、ここにある。回り始めさえすれば、子どもたちは前を向き自発的に学び始めることができる。自信が付けば、周囲が驚くほど劇的に変化していく。まずは、その最初のステップが何よりも大事だと。

同社は、その1回転目を「定期テストの結果」と定義した。子どもたちに実施したアンケートでは「定期テストで20点上がったら自信が付く」との声が多かったからだ。「このように私たち(注1)

(注1) 入塾後2学期以内に学校の中間・期末テストで、必ず1回以上1科目でプラス20点以上になること（60点以上で入塾の場合は80点以上）を保証し、達成しなければ以降1学期間を無料にしている

は、顕在化している顧客ニーズの〝ど真ん中〟を追求することを大切にしています」と常石博之社長は語る。

定期テストの点を上げるには、学校の授業がよくわからなくてはいけない。よくわかるためには、学ぶことに興味を持ってもらう必要がある。そこで森塾では〝予習〟に力点を置き、講師は徹底して「楽しい授業」を心がける。そして会社は「講師が楽しく働ける環境」を用意した。

森塾の中心となる生徒は〝ミドル層〟と呼ばれる、勉強が得意ではない子どもたち。多くの進学塾が、難関校を狙う生徒をメインに置いているのとは一線を画す。会社が上場し、売上高300億円を超える規模になった今でも、創業者の平石明から受け継いできた原点は変わらない。

教育を通じて生徒たちの人生に〝春〟を届ける

大手進学塾で塾講師をしていた平石は、数多くの難関校合格者を送り出していた半面、授業についていけず、やる

わが社はこれで勝負!

No.1×10

キラキラとした笑顔溢れる教室運営にこだわる

「森塾」は全国241校舎・生徒数5万5000人で、1教室当たり生徒数が国内最大の個別指導塾。他にも「塾講師JAPAN」は有効求人数、「プロ検」はプログラミング検定受験者数で国内最大。「TOFAS」は51カ国で1200万人が受験し世界最大の基礎学力事業になるなど、No.1ブランドに育った新規事業が10以上ある。

気を失っている生徒も多い現状を憂《うれ》いていた。一方、教え方次第で驚くほど変わる彼らの伸びしろを目の当たりにし、「自信を持てない子どもたちを教えることこそが、自分の使命なのではないか」と、1997年に会社を起こした。

創業の地は、新潟県長岡市。雪国にとって春は特別な存在であり、「教育を通じて生徒たちの人生に〝春（スプリング）〟を届けたい」という願いを込めて、社名をスプリックスとした。

当時から平石は、将来的に世界進出すること、上場すること、業界ナンバーワンのブランドに育てることを公言しており、社名の由来やミドル層を中心とした指導とともに、同社の企業理念の根幹となっている。「採用時にも終始一貫この理念について説明をしており、ぶれることなく将来に受け継いでいくことが私の重要な使命だと考えています」と、常石は言う。

その後の成長は、「長岡で講師を採用するのは、都会とは比較にならないほど難しかった」という、その逆境から生み出されたものが大きい。

誰でもしっかり成果を出せる指導の方法や教材、スタッフの負担を減らし授業に専念できるよう開発されたシステムの数々は、まさにその最たるもの。前者は業界トップシェアの個別指導塾専用テキスト「フォレスタ」や、AI技術を搭載したタブレット型教材などへ進化し、後者は最大1300名の生徒と先生の個性や相性、習熟度なども加味した「指導の組み合わせの最適化」をも実現。長岡の教室には、今までに1000名を超える教育関係者が視察にきているという。

PROFILE

常石 博之
つねいし ひろゆき

1971年、広島県出身。慶應義塾大学経済学部卒。1994年4月、三菱銀行（現・三菱UFJ銀行）入行。2004年3月、スプリックス取締役就任。2018年12月、代表取締役社長就任。

森塾の飛躍を起点にして、同社のサービスは大きな広がりを見せている。学習塾事業では「湘南ゼミナール」をM&A、「河合塾マナビス」をFCで展開。社内発のサービスでは、AIタブレットを用いた「自立学習RED」、オンライン型個別指導塾「そら塾」、プログラミング学習「QUREOプログラミング教室」、プログラミング能力検定「プロ検」、そして前記した「フォレスタ」など、次々に新しい事業が立ち上がっている。

森塾に足りないものを補い、森塾に依存しない経営モデルにするためにも、カニバリゼーション（社内競合）をあえて受け入れる。一方で、業界ナンバーワンのサービスを育てることには徹底してこだわり、実際に10以上のトップブランドを輩出している点も同社らしい特徴だ。

また、社内から集まる改善やアイデアの提案が極めて多く、その数は年間8万件以上。そのうち約8000件が、実際に反映されている。このような企業風土がサービス品質や競争力の向上、新たなビジネスシーズの発掘にも大きく寄与している。

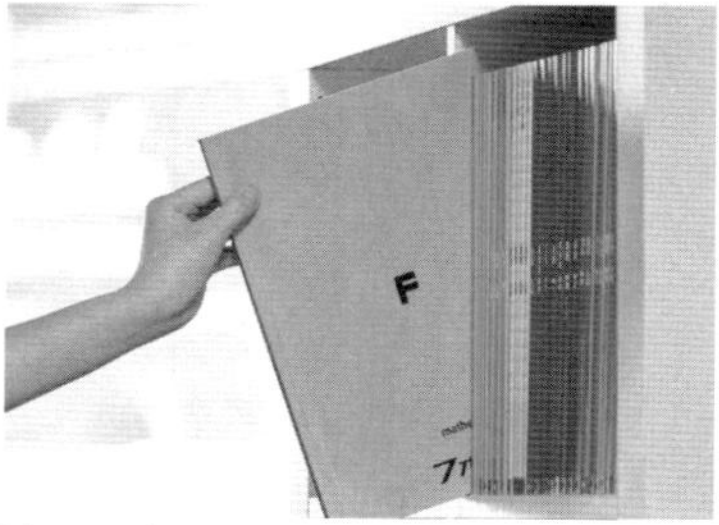

（左）エジプト・アラブ共和国 教育・技術教育大臣のムハンマド・アブデルラティーフ氏とMOU（覚書）締結。（右）業界トップシェアの個別指導塾専用テキスト「フォレスタ」

基礎学力事業がグローバルスタンダードへと伸長

森塾本体も、新たな展開を見せている。２０２４年に大阪エリアに本格進出するとともに、満を持して高校生向け事業にも着手した。後者は「定期テスト対策とＡＩに強みを持っている(注2)こと」を生かして、学校推薦型選抜と総合型選抜に特化した授業を手がけていることが大きな特長だ。

さらに、将来の大きな柱となりうるグローバル事業が著しい成長を続けている。その中核になるのは、世界基準で〝基礎学力〟を評価する国際基礎学力検定「ＴＯＦＡＳ」だ。

「英語ならば『ＴＯＥＦＬ』、数学・理科は『ＴＩＭＳＳ』などの国際的な検定がありますが、基礎学力を評価する世界標準の〝ものさし〟はありませんでした。一方、どの国においても基礎学力の向上は重要なテーマで、国レベルでの連携も次々に進み、高い期待を寄せていただいております」

国内での内容は、計算、英単語、漢字・語彙の3科目で、小

（注2）生徒それぞれの個性や成績と、全国の大学入試の選抜条件から最適なものをマッチングする仕組みを持つ

学校低学年から中学校を目安に6つのレベルを用意。「個々の基礎学力を評価し、のびしろを測り、世界規模で基礎学力の〝比較〟ができる」スケールの大きな取り組みだ。2021年のリリース以降、受験者数は指数関数的に伸長。これまでに51カ国で累計1200万人以上が受験しており、グローバルスタンダードとしての地位が着々と築かれているといえそうだ。

常石の今後の大きな目標の一つが、スプリックスという企業名そのもののブランド化を図ることだ。森塾を筆頭に業界ナンバーワンとなるサービスが次々生まれ、世界的な評価も高まっている。受け継いできた理念を大切に、いつも笑顔溢れる企業の風土を持つ。そして何より、日々「ありがとう」といってもらえる仕事であること。その魅力を広く伝え、夢をともにする仲間が次々と集まってくる会社であり続けるために、さらなる進化を続けていく。

株式会社スプリックス

（東京本部）
〒150-6222
東京都渋谷区桜丘町1-1　渋谷サクラステージSHIBUYAタワー22階
☎03-6416-5190
https://sprix.inc/

設　立●1997年1月

資本金●14億4400万円

従業員数●1490名

売上高●318億6000万円（2024年9月期連結）

事業内容●個別指導「森塾」、オンライン個別指導「そら塾」、自立学習REDなど幅広いサービスを提供する総合教育カンパニー

［東証スタンダード］

Waqoo

“再生医療×D2C”の相乗を強みに新市場を創造 治療・健康・美容まで人々の悩みに“選択肢”を増やす

代表取締役社長 佐俣 文平

D2C事業で上場を果たしたWaqooが、再生医療事業を手がけるセルプロジャパン[注1]と株式交換を実施。2024年1月に新生Waqooが誕生した。D2C事業で築いたマーケティング力や販売力と、再生医療領域における技術力や研究開発力など、両社の強みが融合。アンメット・メディカル・ニーズ[注2]に応えるサービスの拡充を図っている。

「時間とお金をじっくりかけて医薬品を開発するか。化粧品として少しでも早く世に出すか。あるいは医薬部外品を選択するか。一つの技術からでも、さまざまな出口が考えられます」

そう語るのは、新生Ｗａｑｏｏの社長に就任した佐俣文平。京都大学ｉＰＳ研究所をはじめ、長年にわたって再生医療技術の研究に携わり、その後セルプロジャパン[注3]を創業した、業界内ではつとに知られた存在だ。

（注1）現在はWaqooの完全子会社として存続
（注2）現時点で有効な治療方法がない疾患に対する医療ニーズ
（注3）現在もセルプロジャパンの社長を兼任する

「患者さまにとって重要なのは、あくまでも効能効果。分類が何かではありません。私たちは、そういった市場のニーズや社内の体制などを踏まえたうえで、今何をどういう形で世に出すのが最適か、柔軟に打ち手を考えています。この戦略の多彩さこそが、両社の融合によって生まれた強さであり、創薬ベンチャーでもコスメ会社でもない、私たちの大きな特長だと考えています」

血液由来加工受託サービスが加速度的に伸長

同社のビジネスは大きく2つの柱で構成される。1つは従来からの主力事業となるD2C事業。商品の企画・開発から販売までをワンストップで行うもので、スキンケアブランド「肌ナチュール」を中心に、自社ECでの販売や定期便、卸販売などで事業を拡大してきた。

2023年には、育毛・発毛促進に特化した新ブランド「sodatel（ソダテル）」をリリース。「液だれしない」「べた

わが社はこれで勝負!

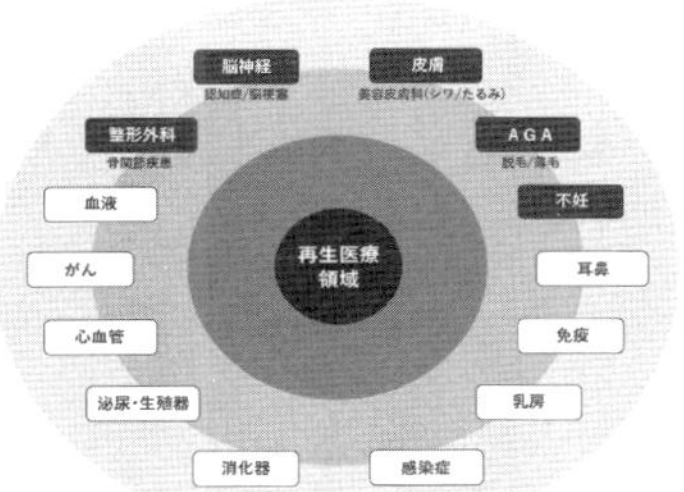

整形外科、AGAを起点にさまざまな可能性を持つ（白抜きは着手済）

10000件超

血液由来加工受託サービスの累計加工受託件数は10000件超。1年間で6000件以上の伸びを見せている。提携医院（主に整形外科）も507院と着実に拡大中だ。AGA（男性ホルモン型脱毛症）領域も2817件、49院と大きく伸長し、美容領域（しわ・たるみの防止など）、脳神経領域へと裾野が広がっている。

※各数値は2025年9月期第1四半期（ただし血液由来加工受託サービスの数値は2025年2月20日現在）

つかない」など、従来の育毛剤への不満を解消した「薬用炭酸ヘッドスパ育毛剤」が、新たな主力商品として育っており、直近の同社の売上げの約3分の2がこのD2C事業となっている。

一方、今後の飛躍が期待されているのが、佐俣の専門である再生医療技術を起点とした、メディカルサポート事業だ。主力の血液由来加工受託サービス「PDF-FD」の実績は、2年前の130倍超となる約1万件。500院を超えた提携医院とともに、加速度的な伸びを見せている。

「血液由来加工受託サービス『PDF-FD』とは、医療機関からお預かりした患者さまの血液に含まれる血漿《けっしょう》から、自己組織修復や抗炎症作用のある成長因子を抽出・濾過《ろか》し、気になる部位に注入することで機能改善を目指すもの。骨関節疾患などの整形外科領域を中心に、AGA、美容領域へと裾野が広がってきています」

例えば、中高年で多くみられる膝軟骨のすり減り（変形性膝関節症）。従来の治療では、ヒアルロン酸の注入か手術かの二択が一般的だった。しかし「ヒアルロン酸ではもう効果がないが、手術するのもためらわれる」という隙間のニーズ（アンメット・メディカル・ニーズ）を埋める治療などに、再生医療にスポットが当たるようになったのだ。

同社の技術のコアとなるのは、幹細胞を培養する技術。特に「細胞培養上清液(注4)やエクソソームに含まれる不要成分を効率的に取り除くことができる技術」は世界に先駆けたもので、強力な特許となっている。これによって、より安全な上清液の開発が可能になった。

（注4）幹細胞を培養増殖するために利用した溶液の上澄《うわず》み。細胞を修復したり再生したりする力を持つ。エクソソームは、その中に含まれる（細胞から分泌される）顆粒状の物質。細胞間の情報伝達に使われる

PROFILE

佐俣 文平
さまた ぶんぺい

1985年、神奈川県出身。京都大学大学院医学研究科博士課程修了。京都大学iPS細胞研究所神経再生研究分野研究員を経て、2019年にセルプロジャパン設立。2023年にWaqoo代表取締役社長就任。

こうして生み出された上清液は、原料販売・化粧品・OEM提供などで事業化され、長期的には創薬事業への布石となる。提供先も医療機関のみならず、美容サロンや化粧品メーカーなど幅広く網羅しており、顧客との密な関係は製品・サービスの開発やアップデートにおいても強みとなる。特に、「湘南美容クリニック」などを運営するSBCメディカルグループとは広範な事業連携を進め、成長への推進力となっている。

このように、ニーズの探索から研究開発、商品化、市場創造まで、まさに「アジャイル的な」発想でPDCAを回しながら、「短期での収益化が難しい再生医療の市場で、先行して〝勝ち方〟を確立させていく」という経営手法は、まさに佐俣らしい「研究者と経営者の二刀流」の形といえるだろう。

「細胞培養におけるプラットフォーマー」を目指す

社長就任から1年強、佐俣が注力してきたのは「両社の事業構造をすべて分解して、それぞれの強みを寄せていく作業だっ

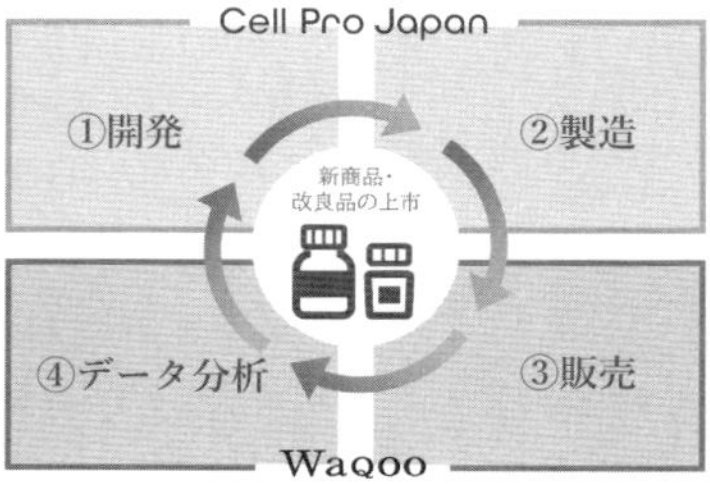

（左）「sodatel」ブランドから発売された「薬用炭酸ヘッドスパ育毛剤」が看板商品として成長。（右）Waqooとセルプロジャパンの事業の相乗イメージ

た」という。

例えば、近年注目度が高い「幹細胞コスメ」をＤ２Ｃに投入する。あるいは、Ｄ２Ｃでダイレクトにつながっている顧客の声を研究開発に反映する。もしくは、提携クリニックに送客するなど、いくつもの相乗があるからだ。

このような地固め期間を経て、同社が今後本格化させていくのが「細胞培養プラットフォーム」の構築だ。これは、再生医療で必要とされる技術が集積するバリューチェーンとなるもので、「細胞理解→選択的培養→増殖培養→細胞加工など」の４つのステップをもとに構成される。

プラットフォーム構想そのものは他社にもあるが、同社は特に前段の２つ。佐俣の長年の経験値を生かした、細胞理解（いくつもの幹細胞のなかから、求めるニーズを満たす種類がどれかを見極める）、選択的培養（それを的確に取り出して培養する）に対する視点や技術力が、大きな差別化であり優位性になっていくはずだという。

（注5）「第1回再生医療・遺伝子治療の産業化に向けた基盤技術開発事業 中間評価検討会資料」（2020年）より抜粋

2024年8月、同社は京都大学iPS研究所と「認知症をはじめとする神経疾患に対する治療法の開発」において共同研究契約を締結。さらに、許認可事業として再生医療に取り組む「細胞培養加工センター」の開設準備が進むなど、事業の裾野は大きな広がりを見せる。

そもそも、アカデミアで長くパーキンソン病の研究に携わり「iPS細胞の無限の可能性を信じていた」佐俣が経営者を目指したのは、研究の成果をしっかり具現化したかったから。何度でも新たな可能性を試したかったから。それが、病気の治療や健康や美容などにおいて世の中の人々の悩みを解決する選択肢を増やすことにつながる、と考えていたからだ。

再生医療の市場規模は、2030年に国内1兆円、世界で12兆円(注5)と爆発的な伸びが予想されている。そのなかで先陣を切って成長を牽引していくことが、佐俣の大きな目標だ。

株式会社Waqoo

〒154-0011
東京都世田谷区上馬2-14-1
横溝ビル4階
☎03-6805-4600
https://waqoo.jp/

設　立●2005年12月

資本金●5363万円

従業員数●86名（連結）

売上高●19億4300万円
（2024年9月期連結）

事業内容●メディカルサポート事業、D2C×サブスクリプション事業

［東証グロース］

メディア総研

高専生に特化した採用支援事業で新たな出合いを創出　若者の能力や技術が最大限に発揮できる社会へ

代表取締役社長　田中　浩二

就職を考えている高専生の〝70パーセント以上〟が参加する合同会社説明会を中心に、高専生の採用支援に特化した、他に類を見ない事業モデルを構築する。全国の高専の先生と関係を密にし、学生の就職の選択肢を広げていきながら、大学への進学やその先の就職・転職などまで、高専生のキャリアをトータルで支援するサービスへと拡大を図っている。

実践的・創造的技術者を養成することを目的に、5年制の高等教育機関として1961年に制度化された「高等専門学校（高専）」。国公私立合わせて全国に58校が設置され(注1)、全体で約6万人の学生が学んでいるという。

この規模感からも存在自体はニッチだが、採用マーケットにおける人気は抜群に高い。求人倍率は10～20倍は普通で、学校によってはその倍以上になることも珍しくない。

（注1）国立51校、公立3校、私立4校で構成される

「高専生を採用した企業の社長にお話を聞くと、口を揃えて『また次も高専生が欲しい』とおっしゃいます。一方、進路に悩む子どもがいる保護者の方に高専の説明をすると、その魅力に心惹《ひ》かれる方がとても多い。〝知る人ぞ知る〟ではなく、高専の魅力をもっと広く発信し、高専生のキャリアの多様性を広げていくのが私たちの役割です」

そう語るのは、高専生に特化した採用支援事業を立ち上げ、新たな市場をつくり出したメディア総研の田中浩二社長だ。しかし、同社が初めて「高専生のための合同会社説明会」を実施した2009年当時は、高専生の受け皿となり得る企業はごく一部に限られていたようだ。

高専生の就職活動の選択肢を増やしたい

「1993年の創業時は、大学や専門学校の進学支援事業をメインにスタートしましたが、携帯電話の販売に手を広げるなど試行錯誤の繰り返しで、収益の柱が確立できない

わが社はこれで勝負!

70%以上

高専生のための就職・進学情報サイト「高専プラス」

全国の高専の毎年の卒業生およそ1万人のうち約60%が就職するとされ、そのうちの70%以上4000人強が、メディア総研が運営する就活イベントのいずれかに参加している。今後は、専攻科(※)や大学に進学する40%の層の支援にも力を入れ、より多くの卒業生にアプローチできる体制を整え、OBネットワークの構築も強化する。

(※)高専卒業後に進学できる、さらに専門性を高めた2年制の学科のこと

時期が長く続きました」。そう振り返る田中にとって大きな転換点は、2007年に福岡県内の大学から「学内合同説明会」の運営を受託したこと。この場に高専の教員も参加しており、「ぜひ高専でも同じような企画をして欲しい」と頼まれたのだ。

「高専生の就職は先生からの推薦が基本で、日本を代表するような大企業の工場で働くことが大多数でした。そのため就職先に困ることはなかった半面、それ以外の選択肢がほとんどありませんでした。一方、入社後は同い歳の大卒者に比べ待遇や評価で劣ることが多く、結果として退職率も高かった。そのため『高専生の持っている能力や情熱をもっとしっかり評価してくれる企業に教え子を送り出したい』と先生も悩んでいたのです」

そこで同社は、高専生に特化した合同会社説明会の開催に着手。九州で成功を収めると、その実績をベースに西日本、関東、そして全国へと活動の場を次々に広げていった。この拡大スピードをみても、現場のニーズがどれだけ高かったかわかるだろう。

同時に、各高専が独自に開催していた就職イベントの運営を依頼されることも増え、合同説明会や課題解決型学習「PBL」の運営など、全国の高専の半分ほど(注2)と連携が進んでいる。

一方で、2019年にWeb制作事業を手がけるマグネッツ社を吸収合併し、IT領域を強化。高専生のための就職・進学情報サイト「高専プラス」や、Webメディア「月刊高専」の運営、企業の採用サイトの構築など、事業の幅を広げてきた。

(注2) この数字はイベントとして委託を受けたものの割合で、就職支援ではほぼすべての高専と協力関係を結んでいる
(注3) 福岡証券取引所が開設する新興企業向けの株式市場

PROFILE

田中 浩二
たなか こうじ

1961年、福岡県出身。同志社大学商学部卒。1982年に毎日コミュニケーションズ（現・マイナビ）入社。1993年メディア総研を設立、代表取締役社長就任。

この間、2021年に東証マザーズ（現・グロース市場）とQ-Board（注3）の同時上場を実現。現在、同社が運営する就活イベントに参加する高専生は、就職希望者の70パーセントを超え、まさに唯一無二のポジションを確立している。

頑張る若者の未来をともに応援し続ける社会へ

「高専生の魅力は、学科を問わず数学的な能力に優れ、ITや技術的なセンスが高いこと。問題点があったら、プログラムの手直しや、ちょっとした修理や工事なら当たり前にできてしまう。それでいて大学院生ほど専門特化しているわけではないので、現場のニーズに柔軟に対応できる。中堅クラスの企業なら、優秀な高専生を1人採用するだけで間違いなく業績は向上すると思っています」と、田中は笑顔を見せる。

中堅・中小企業側は、「高専生の採用はハードルが高い」とあきらめがちなことも多いが、実態は変わってきているという。

「私たちの活動もあって、少しずつ意識が変化しています。有

（左）国立高等専門学校機構との共催で「高専起業家サミット」をスタート。（右）業界を特化したセミナーの開催に注力し、人気となっている

名大企業・中小企業関係なく、高専生のやる気とポテンシャルを引き出せる企業との出合いを増やしていきたい。この点で私たちは、高専の先生方と思いを一つにしています」

２０２２年には、文部科学省の「高等専門学校スタートアップ教育環境整備事業」が始まり、アントレプレナーシップ教育も本格的に動き出した。

このように、高専生を取り巻く環境が変わりつつあるなかで、同社は「高専生のキャリア形成全般」のサポートへと取り組みの裾野を広げている。例えば「高専生の編入を受け入れたい」と考える大学側との関係を深め、進学の支援やその先の就職活動までサポートできる体制を強化し、国立高等専門学校機構と『月刊高専』の共催で「高専起業家サミット」を立ち上げた。

一方、「日本高専・大学支援財団」を通じて、高専生を含む理工系学生への奨学金制度も支援していく予定だ。

「将来的には首都圏に新しい高専を設立したい、という思いも強くあります。完成した人材を取り合うのではなく、企業が一緒になって未来ある若者を育てていく。そういう時代になっていくべきではないでしょうか」

また「イノベーション人材診断テスト」の提供を開始し、「新しい価値を生み出す能力」の可視化も図っている。将来的には高専生や進学した大学生向けに、最適な企業とのマッチングや奨学金制度の運用などに活用していく予定だ。

「そもそも、高専は国策として始まったもの。日本の産業育成に寄与することが、大きな目的としてありました。私たちも、その精神を大切にしており、直近では、半導体や防衛産業など業界を特化したセミナーに力を入れています。このように、日本経済の根幹となる産業には絶えず目を向けていたい。そして、若者の育成や価値ある出合いを通じて、日本の科学技術を下支えできるような存在になりたいと考えています」

メディア総研株式会社

〒810-0041
福岡市中央区大名2-8-1
肥後天神宝ビル6階
☎092-736-5587
https://mediasouken.co.jp/

設　立●1993年3月

資本金●2億4983万円

従業員数●42名

売上高●11億5511万円
(2024年7月期連結)

事業内容●高専生、理工系大学生・大学院生採用に特化した採用関連事業の企画・運営・実施

[東証グロース]

アイダ設計

ローコスト×自由設計×高品質な住宅をコンセプトにお客さま一人ひとりの夢を全力で応援する会社へ

代表取締役社長 會田 貞光

埼玉県を本拠に国内90カ所以上の拠点を展開し、建築実績は年間3000棟強。祖業である〝設計力〟を強みに、木造住宅建築で飛躍的な成長を遂げたアイダ設計の信条は「良い家づくり」へのこだわりだ。「良い家は高い」という常識を覆し、「価格にも品質にも満足できる家」を追求。今大きな注目を集めている「999万円の家」は、まさにその強い思いを体現するものだ。

「外壁をこの色にしてほしい」「収納をもう少し広くできないだろうか」「キッチンはお気に入りのメーカーの商品を使いたい」など、お客さまから寄せられる多種多様な相談や要望に対して、一つずつ図面やカタログと突き合わせながら、金額をはじき出していく。

「ローコスト住宅でありながら自由設計」。一見相反するこのコンセプトを、創業以来大切に受け継いできたアイダ設計の真骨頂といえるシーンだ。

「お客さまの期待に応えようと手間や時間を惜しまないため、非効率な側面は正直あります。このやり方が今の時代に合っているのか、何度も自問自答してきました」。そう語るのは、創業者である會田貞光社長だ。

「しかし社員に聞くと、誰もが『これこそが自分たちらしさだ』と強い自負を持っている。『こんなに親身に相談に乗ってくれるのはアイダ設計しかないと、お客さまからもよくいわれるんです』と。であれば、この伝統は大切にしていくべきだと考えるようになりました」

ではなぜ、きめ細かなホスピタリティの文化とローコストでの提供が両立できるのか。そこには、同社ならではの会社の生い立ちが背景としてある。

プレカット工場の内製化が競争優位性を生む

會田は大工の棟梁の長男として生まれた。休みのたびに現場に連れられ、あるいは職人と生活をともにするなかで、

わが社はこれで勝負!

999万円

ローコスト×自由設計×高品質を実現した「999万円の家」

「良い家は高い」という常識を打破してきたアイダ設計の、現在の看板商品が「999万円の家」。2階建24坪3LDKと、平屋建20坪2LDKを基本としながらも、「自由設計」の基本コンセプトは健在だ。特にシニア層の住み替えにおけるニーズが高く、2023年12月の発表時にはすぐに1000件以上の問い合わせがあったという。

中学生のころにはすでに一通りの大工の技術を身に付けていたという。

高校では建築科に進んだ。「授業内容はすでに知っていることばかりで、ずっと溜めこんでいた」という製図の課題を、卒業前の1週間で一気に書き上げ、さらに多くの同級生からも制作を頼まれるなど、この時の経験が會田の「抜きんでた設計力」の源泉となった。

父親からは家業の継承を期待されたが、會田は建築ではなく設計の道を選択。2年半ほどの修行の後、1981年にアイダ建築設計（現・アイダ設計）を立ち上げた。

「当時は、住宅建築会社や不動産会社からの仕事が中心でした。特に申請許可や造成計画などの開発領域を得意としていて、それが現在の事業にも大きく生かされています。今まで仕入れた分譲用地で、販売にこぎつけられなかったものは一つもありません」

その後、設計受託の枠を超えて、會田は自ら住宅建築事業に乗り出した。「自分自身が住宅の設計も建築もできたので、大工や左官屋さん、設備業者などと個別に交渉して分離発注が可能でした。日本の伝統的な木造軸組工法は、〝設計力〟を生かすことで多様なニーズに柔軟に対応できます。ローコストで高品質という会社の土台は、こうして築かれました」

このコンセプトを仕組みでサポートするのが、プレカット工場の存在だ。特に2019年に竣工した茨城工場は、敷地約4万平方メートル、建物面積1万4000平方メートルの巨大なもので、加工能力は月間約1万坪。1棟分の部材加工が2時間ほどで完了するという。

PROFILE

會田 貞光
あいだ さだみつ

1951年、福島県出身。高校で建築を学んだ後、設計事務所で修業を積み、1973年に会田建築設計事務所開業。1981年にアイダ建築設計（現・アイダ設計）を設立し、代表取締役社長就任。

コスト低減と工期短縮、そして個々の仕様に合わせた柔軟な製作・出荷体制が取れるなど、早くから工場の内製化を注力してきたことが、同社の競争優位性の起点となっている。

さらなる大きな付加価値は、〝魅せる工場〟として企画・設計されたことだ。世界三大デザイン賞の一つの「iF DESIGN AWARD」をはじめ、国内外のデザインアワードの受賞数はなんと30以上。通路を広く取り、工場全体を見渡すことができるなど、施設見学のニーズにも対応し、顧客への販促効果や取引先との関係構築にも大きく役立っているという。

リフォームより建て替え。環境に合わせた住まいを

同社の歴史を振り返ると、２００９年に発表した「７７７万円の家」が大きな転換点となった。埼玉県を中心に北関東の郊外エリアで拡販を図り、一気に成長を遂げたのだ。その後さらに展開を全国に広げ、２０２１年にはTOKYO PRO Marketに上場を果たしている。

（左）高い生産能力と美しいフォルムを併せ持つ、茨城県坂東市のプレカット工場。（右）木造住宅建築のノウハウを生かした、商業・事業用建築（写真は歯科クリニック）

２０２３年12月に発表された「９９９万円の家」は、まさにその勢いを再現しようとするもの。14年ぶりの〝3桁ゾロ目〟の新商品は、立ち上がりから反響が大きく、確たる手応えをつかんでいるようだ。

問い合わせの中心となるのは、1次取得者層とシニア層。特に、後者の建て替えニーズが非常に多いという。

「本格的にリフォームすると、当社の建築価格と大差はない。であれば、建物の骨格から新しくできる建て替えのほうが効果的だというのが私たちの提案です。長年住んでいたからこそわかる家の問題点を改善したり、最先端の設備を取り入れたり、（子どもが独り立ちして大きな家はいらないなど）環境の変化に合わせて、全体を再設計できるのも強みです」

一方、新たに力を入れている領域が、木造住宅建築のノウハウを生かした商業・事業用建築だ。「快適な室内環境をつくれる。災害に強い。二酸化炭素排出削減も生まれる」などのメリットを訴求し、これまでに歯科医院や保育園、グループホームなどを手がけてきた。さらに店舗や倉庫など裾野の拡大を図っている。

今後の展開においては人材力の底上げも喫緊のテーマとなる。その一つとして、同社は7年前から「社員大工育成プロジェクト」を進めてきた。未来の親方を担う人材を増やし、技術を伝承していくために、〝正社員としての大工〟を養成していくものだ。全国の工業高校などと連携して人材の発掘に努めているが、希望者は想像以上に多く手応えをつかんでいるという。

「これまで長く住宅事業を手がけてきて痛感するのは、お客さまは〝家〟に夢を追っているということです。私たちの使命は、その夢の実現に向けて全力で応援すること。自由設計にこだわるのも、低価格で高品質な家を追求するのも、すべてはそのお手伝いをするためです。これからもぶれることなく、その思いを大切に受け継いでいきたいと考えています」

株式会社アイダ設計
〒362-0047
埼玉県上尾市今泉3-10-11
☎050-3100-2611
https://www.aidagroup.co.jp/
創　立●1981年1月
資本金●1億円
従業員数●1172名
売上高●578億9000万円（2024年3月期連結）
事業内容●「ローコスト×自由設計×高品質」をコンセプトにした、注文住宅、分譲住宅、商業・事業用建築の施工・販売
［TOKYO PRO Market］

W TOKYO

時代の象徴を発信する〝特別なランウェイ〟を起点にヒト・モノ・コト・地域が輝くプラットフォームをつくる

代表取締役 村上 範義

圧倒的なブランド力と発信力を兼ね備えた「東京ガールズコレクション」は、その強力なプラットフォームを通じて、全国に熱狂の輪を生み出してきた。自治体との連携による地方創生プロジェクトは50カ所を超え、さまざまな事業やコンテンツの発掘・プロデュースも進む。掲げる未来は、「すべてのヒト・モノ・コト・地域が輝くサステナブルな世界」の実現だ。

会場となった国立代々木競技場第一体育館への来場者数は、延べで約1万9000人。(注1)「ABEMA」やTGC公式「TikTok」「YouTube」などのオンライン配信参加者を含めると、総体感人数はなんと500万人を超えた。ステージには今話題のアーティスト、モデル、インフルエンサーなどが集結し、観客の黄色い歓声が終始場内に響き渡る。会場後方にはおびただしい数のカメラが並び、テレビ、新聞、ネットメディアなどで次々にニュースとなって流れていく。

（注1）2025年3月1日に開催された「第40回 マイナビ 東京ガールズコレクション 2025 SPRING/SUMMER」における実績

２００５年８月にスタートし、瞬く間に日本を代表するファッションフェスタとしての評価を確立した「東京ガールズコレクション」は、その勢いをさらに加速させながら20年目に突入した。毎年春秋の２回、トータル40回にもなる開催は、一度も欠けることなく実施され、ステージに上がる者、会場を訪れる者、いずれにとっても常に「憧れのシーン」であり続けている。

　ではなぜ、これほどまで〝鮮度〟の高いエンターテインメントを実現し、長くトレンドの先端であり続けることができるのか。企画・制作するW TOKYO社長であり、第１回目の立ち上げから中心となって携わってきた村上範義は、そのキーワードに「ランウェイの価値」を挙げる。

命を懸《か》けてつくったブランドを惜しみなくシェア

「ランウェイの実態は、シンプルに〝流行《はや》る〟ということです。そこには常に時代の象徴を切り取った、最先端の姿

わが社はこれで勝負!

500万人

2025年に20年目を迎えた「東京ガールズコレクション」

「東京ガールズコレクション」1開催における、会場来場者・オンライン配信参加者数などの総計（総体感人数）は500万人以上。SNSとの相性も抜群で、2025年3月開催ではXの世界トレンド1位を記録。投稿数は1日約25万、8億imp以上拡散された。地方開催でもXの国内トレンドに入るなど話題を集めている。

があります。社会が変化して世の中の流行が変わっても、ピラミッドの頂点だけを切り出して〝特別なランウェイ〟を用意し続ければ、永遠に輝きを失うことはありません」

この時、重要なのが「先に破壊すること」だという。開催が終わればいったんすべてリセットする。そして次の開催に向けて、あらためて〝今の旬〟を集めて組み立てていく。「伊勢神宮では20年ごとに一度社殿が造り替えられ、常に瑞々《みずみず》しい社殿で神様をお迎えする『常若《とこわか》』という思想があります。私たちも、同様の考え方で破壊と創造を繰り返しています」

そもそも「東京ガールズコレクション」は、初回からファッションショーの概念を大きく破壊してきた。モデルが着るのはリアルクローズと呼ばれる、日常的に着るファッションで、その場でネットから購入できた。ファッション誌の専属モデルが、雑誌や会社の枠を超えて一堂に会し、ランウェイの最も近くはバイヤーやジャーナリストではなくファンのための場所だった。

当時は、ファッション雑誌の全盛期。若い女性に絶大な人気を誇るカリスマモデルも多かった。「この時期にスタートしたからこそ今があり、これから同じものを立ち上げるのは難しい」と村上は言う。だからこそ徹底してブランドを磨き、強力なプラットフォームとして育て、「東京ガールズコレクション」を起点とする事業の広がりを志向した。

こうした流れを受けて、近年加速しているのが地方での展開だ。TGC北九州やTGCしずおかなど、首都圏に準ずる規模でのTGC(注2)の開催と、江戸川区、鯖江市、甲府市などのようにコン

(注2) 東京、横浜、さいたまで年に2回開催される基幹イベントを「東京ガールズコレクション」、地方開催を「TGC」と表記を使い分けている

PROFILE

村上 範義
むらかみ のりよし

1981年、愛知県出身。早稲田大学卒。キャスティングプロデューサーとして東京ガールズコレクションの立ち上げから参画し、2012年にチーフプロデューサー就任。2014年F1メディア代表取締役就任。2017年W TOKYOへ社名変更し、代表取締役就任。

テンツの一部を切り出して地域ごとにカスタマイズして行う「シティプロモーション」を2軸に、これまでに全国約50の自治体で開催実績がある。

「私たちが東京ガールズコレクション1回の開催で投下する金額は4億円ほど。これまでに100億円以上を費やしてきました。こうして〝命懸けで〟つくってきたものを、惜しみなくみなさんにシェアしていきます。一般的にブランドは拡散するほど価値が毀損しがちですが、私たちは逆です。東京からの発信力の高さが、地方の盛り上がりを生み、その熱気が広がるほどにブランド力が高まるのです」

地方自治体にとって「若者が住みたくなる街」であり続けることは非常に重要なテーマだ。そのため「都会との体験格差を縮めてくれる」TGCは強力なコンテンツであり、引き合いは常に多いという。また地域の金融機関などからの関心も強く、2023年には有力地銀数行と地方創生推進のための連携協定を締結。「政財官金」の強力なネットワークが築かれつつある。

（左）「TGC 北九州 2024」は8回目。地方都市でも抜群の集客力・発信力を誇る。（右）静岡銀行、七十七銀行、ひろぎんホールディングス、山梨中央銀行と地方創生の推進に関する連携協定を締結

このような多面的な広がりを受けて、全国すべての開催を横串でつなぐ形の業務提携も進む。現在国内には1700を超える自治体があり、「あらゆる地域で連携を深め、それぞれの個性や魅力を引き出していきたい」と、村上は意気込む。

株式上場を機に事業提携や出資にも注力

「東京ガールズコレクション」の熱量が生み出す好循環は、社内においても同じだ。「ずば抜けたブランド力があるからこそ、一緒に働きたいと考える若者が集まってくる。超大手企業や著名人など、業界の第一線の方々との新たな展開が次々に生まれる。時代の最先端に触れ、社会的な価値を生み出すことができる。仕事は確かに大変ですが、〝好きなこと〟に全力で取り組む社員が多数いることが、私たちの何よりもの財産です」

地方創生以外にも、「東京ガールズコレクション」のプラットフォームを生かして、マーケティングやプロモーション、商品開発、キャスティングなど多岐にわたる事業を展開する同社

だが、2023年6月の株式上場以降、新たなテーマに置いているのが投資領域だ。

例えば、同年12月にYOAKE entertainment社に出資し、Web3テクノロジーを活用したエンターテインメント事業の展開を本格化。翌年11月には、ネイル予約アプリ「Nailie」を提供するネイリー社と資本業務提携を実施した。まだまだいくつもの可能性があるという。

ただし村上の視野にあるのは、収益一辺倒ではない。「神人協働」を座右の銘に挙げるように、目指すのは人や社会やすべてが一体となってサステナブルにつながっていく社会だ。

あらゆるヒト・モノ・コト・地域にスポットライトを当てて、「新しい価値を創り、その価値を伝えていく」新時代の〝アクセラレーター〟へ。一人ひとりが発信力を持ち、小さなブランドが次々に生まれる時代だからこそ、メガプラットフォームへの期待はますます高まっていく。

株式会社W TOKYO

〒150-0001
東京都渋谷区神宮前5-28-5
W Building
☎03-6419-7165
https://w-tokyo.co.jp/

設　立●2015年7月

資本金●2億4605万円
(2024年12月末現在)

従業員数●54名

売上高●39億5700万円
(2024年6月期)

事業内容●東京ガールズコレクションのブランドを活用したブランディング・コンテンツプロデュース事業

2023年6月29日
東証グロース上場

LisB

円滑なコミュニケーションを促し企業のDXを推進
現場に最適化された国産ビジネスチャットで世界に挑む

代表取締役社長CEO　横井 太輔

建設、鉄道、航空、小売業界など「立って働く現場」向けのビジネスチャット「direct（ダイレクト）」を軸に事業を展開。特に建設業界では、売上高ランキング上位20社すべてに導入されており、圧倒的な評価の高さを物語る。大手ゼネコンの海外進出の加速とともに、さらに市場は拡大。目指すは〝日本発グローバルスタンダード〟となるITサービスの実現だ。

誰でも簡単に使えるからこそ、全員に必要な情報が共有され、円滑なコミュニケーションを図ることができる。業務の効率化や有機的な人のつながりを促進し、ノウハウとなって集積される。シンプルだからこそ、多種多様な拡張の可能性が生まれていく。

現場向けビジネスチャット「direct」の原点にある考え方は極めて明快だ。

「DXの取り組みは、どの企業においても非常に大きなテーマですが、建設や運輸業界など現場の業務には、数多くの障壁があります」。そう語るのは、同サービスを提供するＬｉｓＢ社長の横井太輔だ。

確認を取り合う相手が離れた場所にいる、ＰＣを使える環境にない、提出しないといけない書類がたくさんある、複数の企業による共同作業が多いなど、従来の通信手段やシステムでは、すべてに対応しきれなかったからだ。

「direct」は、これらの課題に合わせてスマートフォンに最適化されたサービスだ。チャットでいつでもどこでもリアルタイムにつながり、話した内容の保存ができる。ファイルや写真の共有や、写真に手書きの指示を出すことも可能だ。ＬＩＮＥなどと違って個人情報が紐づかず、セキュリティ面が厳重に管理されているのもポイントだ。

「direct」ならではの機能はまだある。社内（監督側）からは全員とつながるが、個々の協力業者は社内とだけ、業者間同士の存在は見えない設定ができる「direct GuestMode（ダイレクトゲストモード）」。また、途中からグループに

わが社はこれで勝負!

5500社

「direct」の導入実績は5500社超。実績一覧には誰もが知る大企業がずらりと並ぶが、特に注目すべきは建設業界からの支持の高さだ。大手ゼネコンはもちろん、中小の協力会社にも浸透し、業務のDXを多面的に支援している。また海外展開にも力を入れており、世界65カ国でダウンロードが可能となっている。

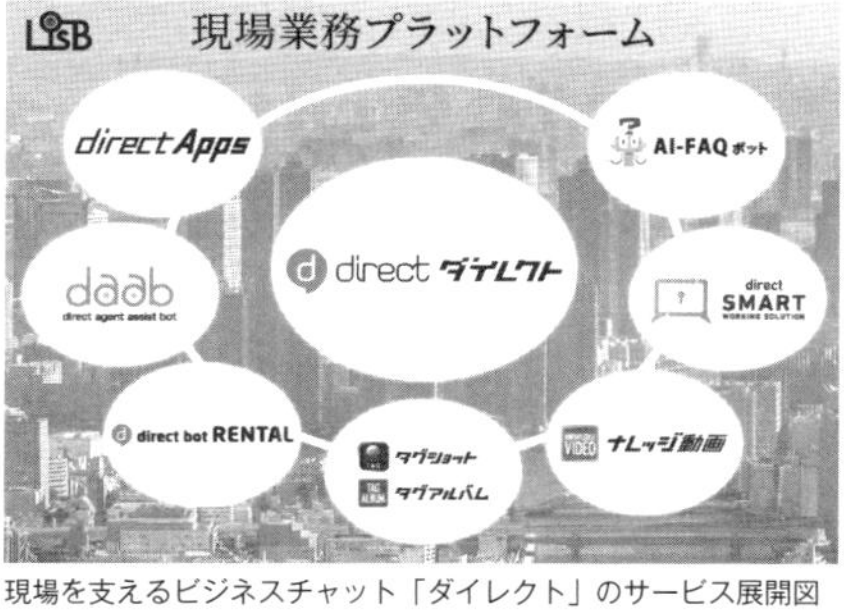

現場を支えるビジネスチャット「ダイレクト」のサービス展開図

参加した者が、過去の履歴をさかのぼって閲覧できる仕組みも非常に評判がいいという。

この2つの機能は、クライアントの希望に応えてつくり込まれたものだ。横井が「お客さまに鍛えられて今がある」と語るように、現場をとことん理解し、困りごとにしっかり向き合ってきた〝解像度〟の高さが、同社のサービス品質を向上させてきた。

世界のスタンダードとなる国産のITサービスをつくりたい

横井は、よく自社の事業を「モノづくり」と表現する。ITサービスではあるものの、トンカチやドリルと同じ、建築現場で使われる〝道具〟をつくっているのだと。だからこそ「目的を邪魔せず、勉強も研修も要らないくらい直感的に使えるものでなくてはいけない」という。

もう一つ「モノづくり」の言葉に込めた思いは、世界で戦える事業をつくることだ。日本では長く製造業が経済の中心にあり、海外で高い競争力を誇ってきた。同社も「モノづくり」の視点から学ぶことがたくさんあると考えているのだ。

〝国産〟で世界を目指す、横井の強い意欲は、前職のジャストシステム時代に遡る。同社は、いわずと知れたワープロソフト「一太郎」の生みの親。国内で圧倒的なシェアを得たものの、その牙城はマイクロソフトにあっけなく崩された。「その時の悔しい思いが原動力になっている部分は正直大きい」と横井は言う。「日本はなかなかIT領域で世界と伍《ご》するサービスが生まれない。

PROFILE

横井 太輔
よこい　たいすけ

1971年、千葉県出身。國學院大學卒、カリフォルニア大学に留学後、シティバンクのグループ企業に入社。その後、ジャストシステムで営業、社長室、商品開発などを経験し、2010年9月L is Bを創業。

その先陣を切っていきたいという思いは常にありました」

同じころ、横井は悪性リンパ腫に罹患し〝死〟をも覚悟した。この時の経験が、起業への思いを強く掻き立てることになった。

「毎日みんなが」使うからこそ生み出す価値は大きい

創業後のステップになったのは、50万ダウンロードの大ヒットとなったTwitterアプリの開発だ。Twitter側のルール変更もあって収益化には至らなかったが、「面白い会社がある」と企業の目に留《と》まり、仕事の依頼が増えていったのだ。

「direct」も、企業の受託からスタートしたものだ。当初は「売るほどのものではない」と考えていたが、つくり込むうちに評判になり、メディアにも取り上げられるようになった。

その後、大手小売会社からの依頼で「数千社の仕入れ先とつながる仕組みを『direct』をベースに開発した」ことで、事業としての手応えを得て、さらに「早期のDX化が命題だった」建設業界との相性の良さが注目され、いまや〝業界のスタンダ

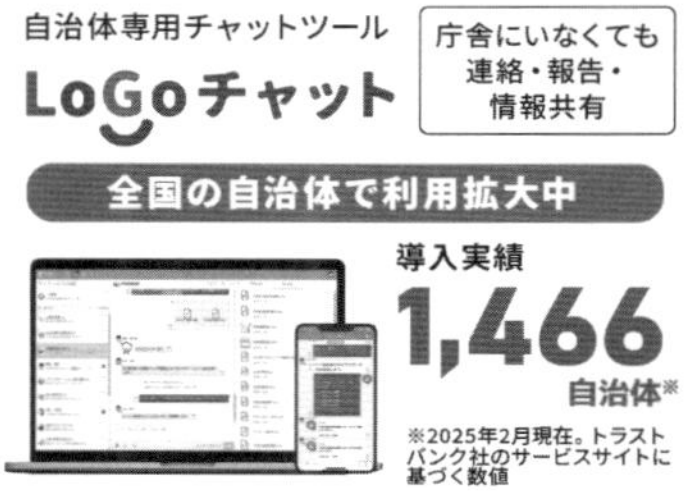

（左）全国の8割以上の自治体が利用する自治体専用ビジネスチャット「LoGoチャット」。（右）文化放送ラジオ番組「現場DX研究所」のパーソナリティも務めている

ード〟ともいえる大きな広がりを見せている。

使い勝手の良さは、高い拡張性を持つことにも由来する。すでに使っている他社のサービスとも容易に連携を図れるからだ。「『direct』がコミュニケーションのレイヤー(注1)にあることも、その理由として大きい」と横井は言う。毎日みんなが使うサービスだからこそ、すべての業務管理の起点になるからだ。

一方社内でも、「direct」の機能を高めるアプリを次々に開発している。なかでも注目されているのが「ナレッジ動画」だ。高齢化や人手不足が深刻な現場において、知識や技術の継承は喫緊のテーマ。撮るだけで字幕が自動でつく編集の容易さや、「direct」を通じた管理・共有の仕組みを通じて、時代の要請にしっかり応えている。「指示をする、報告をする。その積み重ねが貴重なノウハウになっていく」と、横井は語る。

このような同社の開発力や顧客対応力の源泉の一つに、「9週間ルール」という独自の取り組みがある。これは「9週間ごとに新機能を実装するサイクル」のことだが、単に開発スピー

（注1）企業の情報システムは、データベース、（データをつくるための）アプリケーション、コミュニケーションの主に3つのレイヤーから成り立っている
（注2）就業者数×月額単価×12カ月でLisBが独自に試算した金額

ドを高めることが目的ではなく、エンジニアの働く環境の向上が真の狙いとしてある。

スケジュールがしっかり確立されることで目標管理がしやすい。さらに「そのうちの1週間は自由な時間として使っていい」とプレゼントすることで、エンジニアの新たなインプット（旅行や遊びの予定でも可）や、技術研究などに費やす時間が確保できるのだ。このような施策もあって、同社の離職率は極端なまでに低いという。

2024年3月、同社は東証グロース市場に上場し、新たな成長のステージに立った。今後は、M&Aや事業投資も含めた「direct プラットフォーム」の拡充に努め、1兆4000億円(注2)と試算する国内の〝現場DXソリューション市場〟でのシェアを拡大。さらに日本発のグローバルスタンダードとなるITサービスを目指し、世界に展開していく。

株式会社L is B

〒101-0032
東京都千代田区岩本町3-11-11
プルータスビル2階
☎03-5812-4735
https://l-is-b.com/ja/

設　立●2010年9月

資本金●6億2986万円

従業員数●122名

売上高●15億9400万円
(2024年12月期連結)

事業内容●ビジネスチャット「direct」を中心とした現場DXサービスの開発・提供

2024年3月26日
東証グロース上場

ジンジブ

18歳のファーストキャリア形成を力強くサポート！「高卒就活」を通じて、夢と希望に溢れる未来をつくる

代表取締役社長　佐々木 満秀

「就活」といえば大学生、「新卒」といえば大卒、というイメージがすっかり社会に定着して久しい。そのなかで盲点となっていたのが「高卒就職」だ。高校卒業後すぐ就職する人は約15万人（令和6年3月卒）。決して少なくないのに、高校生の就活をサポートする民間サービスはないに等しい状態が続いてきたのだ。ここに風穴を開けた高卒就職採用支援事業の先駆者がジンジブだ。

職場の雰囲気や先輩社員の声をわかりやすく紹介する求人サイト「ジョブドラフトＮａｖｉ」、地域の企業の合同説明会「ジョブドラフトＦｅｓ」など、ジンジブが提供するこれらのサービスが「大学生向け」なら目新しさはない。画期的なのは「高校生就活に特化」していることだ。

「プロ野球のドラフトでは、ポテンシャルの高い選手が高校から直接プロに入れます。だから若いうちから実力を発揮できるし、長くプロの世界で活躍できる。一般的な就職にもそんな仕組み

が浸透すれば、若者の未来はもっと輝きます」と、社長の佐々木満秀は、明るい笑顔でそう語る。

同社が高校生就活にかかわるようになったのは2015年。当時、佐々木が経営していた企業グループで高校新卒を採用しようとして、できなかったことがきっかけという。

「私自身、約40年前に高卒で社会に出た人間です。そのため、学歴にかかわらずガッツのある若者を採用したいという気持ちはずっとありました。成長性の高いベンチャーやIT企業ほど、そういう考え方を持つ経営者は多いのです。それなのに、企業から高校生にアプローチする方法がほとんどない。その現実に愕然《がくぜん》としました」

「職業選択の自由」が少ない高校就活生

なぜ高校新卒の採用は難しいのか。簡単にいえば、大学新卒とは比較にならないほどルールが厳しいのである。未成年者保護の観点から、行政、主要経済団体、学校組織の

わが社はこれで勝負!

1776校

日本全国の高校数は約5000校。ジンジブでは、この3分の1以上にあたる1776校を直接訪問し、学校網を強化している。学校に寄せられた求人票を一元管理する「ジョブドラフトTeacher」や、高校生のためのキャリア教育プログラム「ジョブドラフトCareer」など、学校との連携を強めるサービスも充実中だ。

高校生向け求人情報サイト「ジョブドラフトNavi」

※2023年4月～2024年3月の訪問実績数
※全国の高校数には通信制を含む

三者で定めた「三者協定」が厳格に適用されているのだ。

例えば、企業が高校生に直接連絡するのは禁止。求人企業は、まずハローワークに求人票を登録し、その求人票を学校に持ち込んで、先生から高校生に紹介してもらわなくてはならない。さらに、1人の高校生が応募できるのは原則的に1社のみに限られる。

多くの高校生就活でこのような慣習があるおかげで、就職希望者の多くが内定を得られるのは確かだが、弊害もある。応募先は成績や出席日数を考慮した校内選考で割り当てられる傾向があり、生徒が自由に決められるわけではないからだ。なかでも最大の問題は「選択肢の少なさ」だろう。日本では、高卒人材が製造業を支えるブルーカラー人材の供給源になってきた。今も求人のほとんどが製造現場からのもので、営業職や企画職は極端に少ない。ベンチャー企業となると、高校生が存在を知ることすら難しい。

「期間の短さ」もミスマッチにつながっている。毎年7月に求人情報が公開され、9月から応募や面接が始まる短期決戦。仕事の内容や社風を十分に理解しないまま就職するため、どうしても早期の離職率が高くなる。「高校生には、日本国憲法にうたわれている『職業選択の自由』が保証されていないのではないか、とすら感じました」と佐々木は話す。

それから10年。同社は、冒頭で触れたような企業と高校生のマッチングを促進するプラットフォームを構築し、高校新卒の就職情報をアップデートし続けている。

PROFILE

佐々木 満秀
ささき みつひで

1968年、大阪府出身。高校卒業後トラックドライバーを経て求人広告会社に入社。1998年に携帯電話業界のプロモーションを手がけるピーアンドエフを創業。2014年に若手人財不足という社会課題解決を目的に現事業を開始。

しかし、その道のりは決して平坦ではなかった。企業が学生に直接コンタクトできない学校斡旋のルールがある以上、求人サイトやアプリをつくるだけでは誰も使わない。まずは高校に足しげく通い、進路担当の教員と信頼関係を築いていく必要があったのだ。同社でも、事業の草創期の活動のほとんどを高校訪問に費やし、利益の出ない状態が長く続いたという。

退路を断って、高卒就職採用支援事業にフルコミット

最大の転機は2020年。赤字が続く高卒就職採用支援事業に全リソースを投入すべく、他事業から完全に撤退するという驚くべき「選択と集中」を断行したのだ。

それまで同社は、広告、コンサル、人材紹介などを手がけるホールディングス企業の形をとっており、連結売上高は20億円程度まで順調に拡大。財務面でも非常に優良企業だった。

そのなかで、佐々木の強い思いから始まったこの高卒就職採用支援事業は、グループ内では「利益度外視の社会貢献活動」

（左）高校生と企業が直接交流できる合同企業説明会「ジョブドラフトFes」開催の様子。（右）高卒新卒生向けに社会人マインドの育成、社会人基礎力を教える「ROOKIE'S CLUB」

ともいえるものだった。

しかし、佐々木個人が最も可能性を感じていたのも、何を隠そうこの事業。だからこそ「他事業の利益に甘えていると力を出し切れない」と、全役員の反対を押し切って組織再編に踏み切り、事業会社として新生ジンジブを誕生させた。想定通り、潤沢にあった資金はどんどん目減りし、2期目の決算では約3億円の赤字を出した。

「今振り返っても、本当にギリギリでした」と佐々木は苦笑するが、この〝死の谷〟を乗り越えたことで成長が加速。期を重ねるごとに売上げを伸ばした。今後の展望としては、自社サービスの利用率を高校就活生全体の5割までに引き上げることを目指しているという。

サービス面でも、求人メディアへの掲載、合同企業説明会といった採用領域だけでなく、人事専任者のいない中小企業向けに、教育・評価制度づくりまでサポートする新サービス「人事パック」をリリースするなど拡充が進む。

そんな同社では、自社の採用でも毎春、大卒とほぼ同数の高校新卒を採用し続けており、会社にもたらす好影響を実感しているという。

「面白いもので、同期グループに年齢の違う大卒組と高卒組が混じり合うと、良い競争原理が働いて活性化するんです。本当に社内の雰囲気が若返ることに、あらためて驚いています」

こうした企業の変化の先に佐々木が見ているのが、日本全体が元気になっていく未来像だ。

「18歳で望む仕事に就《つ》くのが当たり前になれば、若いうちからキャリアへの意識や、起業の機運も高まるでしょう。結婚や出産も早くできるし、なんとなく大学に行くぐらいなら就職したほうがいいと思う人も増えるはず。その結果、地方から都市への若者の流出にも歯止めがかかり、地域も元気になっていく。高卒就職の活性化が、日本の未来のカギだと信じています」

株式会社ジンジブ

〒541-0054
大阪市中央区南本町2-6-12
サンマリオンタワー14階
☎06-7777-7779
https://jinjib.co.jp/

設　立●2015年3月（創業1998年）

資本金●3億310万円

従業員数●220名

売上高●20億8299万円（2024年3月期）

事業内容●「ジョブドラフトNavi」「ジョブドラフトFes」などの高卒就職採用支援サービス、人財育成サービス

2024年3月22日
東証グロース上場

STG

実用金属として最軽量。マグネシウムの特性を生かしてモノづくりの軽量化・高付加価値化を多面的に支援

代表取締役 佐藤 輝明

より薄く高強度・高精密なモノづくりを可能にするマグネシウム合金の加工技術と一貫生産体制、そして〝VE提案力〟を強みに、時代の先端を行く軽量化ソリューションを提供。自らの価値を高めるマーケットを積極的に開拓し、高い提案力で多様なニーズに応えている。重視するのは変化への対応力。「イノベーションを起こし続ける」企業文化の醸成だ。

プラスチックより強く、アルミニウムよりも軽い。流動性が良く、薄肉化しやすい。振動吸収性に優れている、リサイクルしやすいなどの特性から、スマートフォン、パソコン、カメラなど持ち運びが必要となる製品や、軽量化によって燃費向上・環境負荷低減を図りたい自動車部品などの素材として、着実に需要が拡大しているマグネシウム合金。

STGは、ソニーのノート型パソコン「VAIO」の筐体《きょうたい》生産を開始した1997年ころから、

（注1）1つの金型で2つの製品を同時に鋳造する仕組み

独自の付加価値創造を図るモノづくり企業のニーズに応え、マグネシウム合金の加工に注力。業界の第一人者としての地位を確立してきた。

強みの一つとして挙がるのが、原料調達から、金型設計、鋳造、加工、化成処理、仕上げ、最終検査までを内製化する一貫生産体制だ。特に金型設計力は抜きん出ており、素材寸法公差・薄肉化ともに、業界平均水準の数値を大きく上回る。さらに「抜き勾配ゼロ」「2個取り（注1）」を可能にしたことで、大幅な工程の短縮・コスト削減を実現。電磁波を通しやすい構造にするための〝業界初のマグネシウム合金と樹脂の一体成形技術〟も開発している。

このように数多くの独自技術を持つ同社だが、「私たちの本当の強みは技術力ではない」と社長の佐藤輝明は語る。「時代とともに技術は陳腐化します。他社には同じものが開発できないと考えるのも不遜です」

大切なのは「質の高い経営（経営品質）」。それは時代の

わが社はこれで勝負!

0度

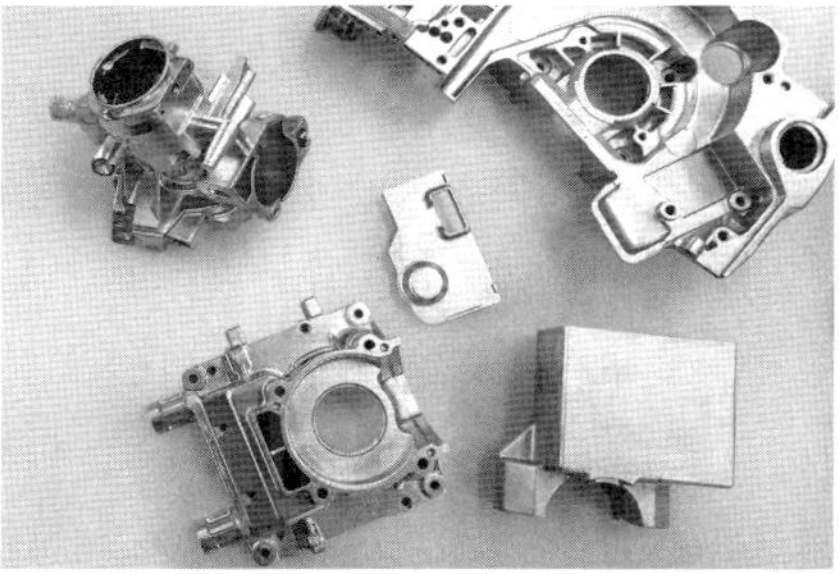

マグネシウムを中心とした軽量化ソリューションを提供

「抜き勾配」とは、金型から製品を抜くための勾配のこと。通常は取り出しやすいように手前側を広く（勾配をとって）設計するが、STGはマグネシウムの特性への知見と高い金型設計力を生かして、抜き勾配ゼロの鋳造を可能にした。これによって、その後の成形作業が簡略化され、工期の短縮、加工費の大幅削減を実現している。

変化に合わせて成長し続ける、イノベーションを起こし続ける組織へのこだわりであり、「そこに強さのすべての源泉がある」というのが佐藤の持論だ。

その一つのキーワードに〝VE提案力〟がある。前記した金型設計力・価格競争力とともに、顧客対応力・立地・安全性の5つで構成されるものだ。「非常に難しい案件があるが御社で開発できないか」「この国へ製品を提供してほしい」など、企業の依頼は多種多様。その期待に応えるための〝間口〟を広く持っていることが、同社の評価につながっているのだ。

それは同時に「どこに自社の優位性が発揮できる市場があるか」の探索の歴史でもあった。だからこそ佐藤は、イノベーションを起こし続ける組織を追求してきたのだ。

下請けビジネスから脱却。マグネシウム加工に特化し競争力の高い事業へ

会社の歴史は1975年まで遡る。佐藤の父によって創業され、アルミニウムダイカストの仕上げ加工が主たる事業だった。切削やバリ取りなどの品質・精度を強みにしていたが、売上げのほとんどを特定の会社に依存する下請けビジネス。円高不況以降は経営が苦境に陥り、佐藤は立て直しを図るべく勤めていた商社を退職して後継に入る。

入社後は、生産工程の再構築や財務の立て直しなど、精力的に改革を進める一方で、ECモールやパソコンスクールの立ち上げなど、既存事業にとらわれない挑戦も手がけたという。

（注2）一定量以上の可燃性の粉塵が大気中に浮遊した状態で着火し、爆発を起こすこと。マグネシウムは特にそのリスクが高く、参入してもすぐに撤退する企業が多かった

PROFILE

佐藤 輝明
さとう てるあき

1966年、大阪府出身。立命館大学卒。商社勤務を経て、1994年三輝ブラスト（現・STG）入社。2006年代表取締役就任。

その後「マグネシウム合金でパソコンをつくりたい」という相談があったのを機に、「これは独自の優位性を確立できるマーケットになるのではないか」と新たな加工技術に着手。1998年に粉塵爆発[注2]のリスクを防ぐ「湿式集塵機」を先代が開発したことが後押しになって、事業は成長曲線を歩み始める。

さらなる転機は2011年、日本初のマグネシウム専業メーカーであるTOSEI（現・STG静岡工場）を子会社化したことだ。これによって1次加工（金型設計・鋳造など）の技術を得て、グループ内の一貫生産体制を実現した。培ってきた豊富なノウハウも吸収し、「これはその後の海外展開においても、大きなアドバンテージになった」という。

そもそもマグネシウムは加工技術・安全性の確保の面からも新規参入が難しい。〝より薄く高強度・高精密〟が求められる時代の後押しもあって、同社の存在感はより高まっていった。

そして2019年6月にTOKYO PRO Market、2024年3月に東証グロース市場にて株式上場を果たしている。

（左）マグネシウムダイカストで製作したフルサイズミラーレスの外装シャーシ。（右）M&Aで取得したマレーシアのダイカスト工場

「軽量化ソリューション」を新たな戦略ドメインに

海外への展開は、２００６年に香港に現地法人、深圳《しんせん》に生産拠点を設立したことが起点となる。以降タイ、マレーシアへと拡大し、日本の製造業のグローバル展開を下支えしてきた。

マレーシアへの進出はＭ＆Ａによるもので、買収後の品質向上の徹底で評価を高め、業績も急伸長。現在は、アルミダイカスト技術を軸に、監視カメラのＯＥＭ生産を手がけている。同社にとって完成品を手がけるのは初めてのことで、「ここには次なる可能性がいくつもある」と佐藤は言う。

例えばＢtoＣ市場向けでのＯＥＭ連携の拡大、あるいは製品のユニット化だ。「一貫生産体制を生かして、部品の製造はもちろん、組み立てて半製品まで仕上げていく。それが当社のオリジナルユニットとして、幅広い場所で活用されることが目標です。よりティア１に近い会社になれるように。そのために、これからも積極的にＭ＆Ａを活用していくつもりです」

現在手がける製品は、自動車向けを中心に、カメラ・プロジェクターなどの映像関連機器、医療機器、照明機器、ゲーム端末向けなどが中心となるが、電動車・自動運転関連の領域がさらに大きな伸びを見せると佐藤は考えている。

電動車においては、より一層の軽量化が求められ、部品が超精密化する。持ち前の技術力・提案力が発揮できる場面が増えるからだ。

今後の成長戦略のキーワードは「軽量化ソリューション」だ。2023年には、本社内に営業統括部署を設置し、「軽量化ニーズの取り込み」を加速。一方で、静岡工場・タイ工場ともに2024年度までにマグネシウムダイカストの増産のための設備投資を完了した。5つの〝VE提案力〟をさらに高めることで、翌年以降の大幅な売上げ増加を見込んでいる。

株式会社 STG

〒581-0812
大阪府八尾市山賀町6-82-2
☎072-928-0212
https://www.stgroup.jp/

設　立●1982年6月（創業1975年）

資本金●3億2754万円

従業員数●801名（連結）

売上高●52億4200万円（2024年3月期連結）

事業内容●マグネシウム及びアルミダイカスト製品製造

2024年3月21日
東証グロース上場

ダイヤモンド経営者倶楽部　2024～2025年開催行事の振り返り/ゲスト紹介

ダイヤモンド経営者倶楽部は日本経済の活性化に貢献する趣旨のもと、1993年に経済出版社ダイヤモンド社の80周年プロジェクトとしてスタート。日本経済の中核を担う上場大企業から、中堅中小・ベンチャー企業まで幅広い企業経営者が集う場として創設されました。現在の会員企業数は約700社。成長意欲の高い魅力的な経営者が集まる“場”をご提供する、日本有数の経営者倶楽部として高い評価をいただいています。

ご登壇いただいた主なゲストのご紹介	
2024年新春賀詞交歓会/東京	2023WBC日本代表監督　栗山 英樹 氏
2024年新春賀詞交歓会/関西	アイリスオーヤマ株式会社 代表取締役会長　大山 健太郎 氏
特別政経セミナー2024	衆議院議員　小泉 進次郎 氏
3月ゴールドメンバー交流会	AERA元編集長　ジャーナリスト　浜田 敬子氏
3月東京定例会	亀田製菓株式会社　代表取締役会長CEO　ジュネジャ・レカ・ラジュ 氏
4月関西/5月東京 特別例会	衆議院議員　石破 茂 氏
6月ゴールドメンバー交流会	株式会社ソシエテミクニ　代表取締役　三國 清三 氏
6月関西例会	株式会社サイバーエージェント　常務執行役員CHO　曽山哲人 氏
6月東京例会	上智大学 総合グローバル学部 教授　前嶋 和弘 氏
7月会員企業に学ぶ	株式会社インソース　代表取締役執行役員社長　舟橋 孝之 氏
7月関西例会	森下仁丹株式会社　代表取締役社長　森下 雄司 氏
7月東京例会	東京財団政策研究所　主席研究員　柯 隆 氏
8月会員企業に学ぶ	エン・ジャパン株式会社　取締役会長　越智 通勝 氏
9月ゴールドメンバー交流会	ヴァイオリニスト　木嶋 真優 氏
9月関西例会	株式会社エスワイフード　代表取締役　山本 久美 氏
9月東京例会	東京国際クリニック　院長　高橋 通 氏
10月関西サロン	株式会社識学　取締役副社長　梶山 啓介 氏
10月東京例会	株式会社ONE・GLOCAL　代表取締役　鎌田 由美子 氏
10月会員企業に学ぶ	株式会社能作　代表取締役会長　能作 克治 氏、代表取締役社長　能作 千春 氏
11月関西例会	クリエイティブディレクター　小橋 賢児 氏
11月ゴールドメンバー交流会	評論家　山田 五郎 氏
11月東京例会	キユーピー株式会社　代表取締役社長執行役員　髙宮 満 氏
2025年新春賀詞交歓会/東京	YKK株式会社　代表取締役会長　猿丸 雅之 氏
2025年新春賀詞交歓会/関西	サントリーホールディングス株式会社　代表取締役副社長　鳥井 信宏 氏

開催日順掲載

ダイヤモンド経営者倶楽部の詳しい情報は、ホームページまで
https://www.dfc.ne.jp/

PART 2

独自の競争優位性を強みに新市場を創造

積極的に新市場の開拓に挑み、あるいは受け継いできた強みをさらに進化させ、競争優位性の高いビジネスモデルを確立してきた企業を紹介する。

アメイズプラス

代表取締役　山田 忠和

「欲しい！をつくる。」が事業展開のすべての起点 新しさや便利さの先のプラスアルファの幸せを生み出す

自宅で手軽にトランポリン気分を味わえる「シェイプキューブ」、履いて歩くだけで体幹トレーニングができる「バランスコアスニーカー」など、アメイズプラスが手がける商品はいずれも視点がユニークで、思わず心惹《ひ》かれるものばかりだ。こだわってきたのは、目新しさや機能性だけではない「お客さまが買う理由」。その追求が、同社の商品開発力の強さにある。

「欲しい！をつくる。」――アメイズプラスの商品開発のテーマは、ミッションに掲げたこの一言に集約されるといえるだろう。すべての起点になるのは、「こんなものがあったらいいな」「驚きある感動をつくりたい」という自発的な強い思い。その姿勢は、創業当時から変わらず受け継がれてきたものだ。

例えば、初期の代表作に「サーファーが海に入っても落ちないアイブロウ」がある。

社長の山田忠和は「仕事とサーフィンを両立させる（最も波の良いタイミングでサーフィンができる）ために起業した」と公言するほど熱烈なサーフィン好き。その経験から、周りの友達の悩みに応えて開発したものだ。ターゲットをかなり絞り込んだ商品だったが、逆にその〝本物志向〟が一般ユーザーにも支持され、累計100万本を超える大ヒット商品に育った。

興味深いのは、同社において「どこでどうつくるか」は商品企画の後であることだ。構想が決まってから、最も適した工場を探していくのだ。

設立して間もないころは、相手にされないことも少なくなかったが、それでも丁寧に思いを伝え、一定数の初回ロットの買い取りを提示すると、協力してくれる企業は着実に増えていった。

「私たちの強みは、自分たちが今できる範囲を飛び越えて可能性を膨《ふく》らませていけること。『得意とする技術を生か

わが社はこれで勝負!

15万個

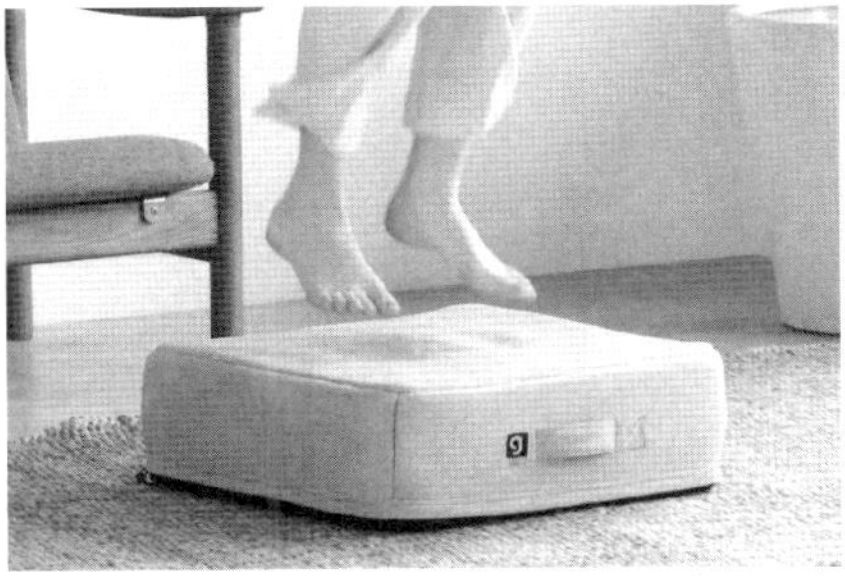
コロナ化の巣ごもり需要で大ヒットした「シェイプキューブ」

2020年9月に発売した「シェイプキューブ」は、シリーズ累計販売個数15万個を突破し、売上金額では過去最高。近年のランキングでは2023年が「今治睡眠用タオル2」、2024年が「バランスコアスニーカー2」が1位となっており、直近では「ケアストレートブラシ」が入荷半年待ちとなる大ヒットとなった。

して』などの縛《しば》りがないぶん、どんな商品でもつくることができます。現在200ほどの提携工場がありますが、今も商品開発に合わせて都度《つど》パートナー探しをしています」

ニーズに合わせたきめ細かいブランド設計で、欲しい人に欲しいものを

会社の設立は2008年。アパレル系の商社で17年ほど働いた後、雑貨類のOEMメーカーへ転職した山田は、ここで現在の共同代表となる山本良磨と出会い、独立を決意する。「それまでの経験から、ヘルスケア市場はもっと大きくなると。2人が持っている小売りやカタログ通販のノウハウを生かし、ヘルスケア領域の通販を軸に事業を立ち上げました」

最初の商品は「シロトリン」という目元《めもと》化粧品。カタログ通販向けに卸で提供し、いきなり人気商品になった。その後、商流は少しずつ拡大し、2011年から楽天でEC事業もスタートする。「最初は、卸向け商品をただ載せているくらいの中途半端な運営でしたが、同じ名古屋に『物干し竿《さお》だけで月に1800万円売る』という会社があり、その方の話を聞いて驚き『だったら自分たちももっと売れるはず』と力を入れるようになりました」

山田自ら写真を撮り、サムネイルを作成し、キャッチコピーも考えた。アート的な要素も積極的に取り入れるなど、日々試行錯誤するなかで売上げは伸長。独自のノウハウとして積み上がっていった。

PROFILE

山田 忠和
やまだ ただかず

1971年、愛知県出身。アパレル系の商社で働いた後、雑貨類のOEMメーカーへ転職。ここで出会った現・共同創業者の山本良磨とともに、2008年にアメイズプラスを設立。2人代表として代表取締役を務める。

その成功例の一つに、いびき改善用に鼻腔《びくう》を開くグッズがある。カタログ通販で堅調に売れていたためECに載せると、売上げは急伸長。これにヒントを得て開発した「いびき予防枕スージー」は、楽天での年間売上ランキング1位にもなった。

独自のECサイトも次々に立ち上げた。寝具を販売する「ネルチャー」を皮切りに、現在は、ホームエクササイズの「ジムテリア」、カラダのケアに主眼を置いた「ラクナ」、くせ毛ケアの「ストレーニア」など、20数種類のブランドがある。いずれもマーケット設定が非常にピンポイントな点が特徴で、「欲しい人に欲しいものを」の姿勢を顕著に示している。

初のポップアップ店舗の成功で直営店展開に弾み

「第18期経営計画」にまとめられた、同社の年別ヒット商品ランキングを見ると、直近6年の売上げ1位はなんと5種類にもなる。5位までの計30商品を見ても、異なるものが18種類。毎年のように売れ筋商品が変わっている計算だ。

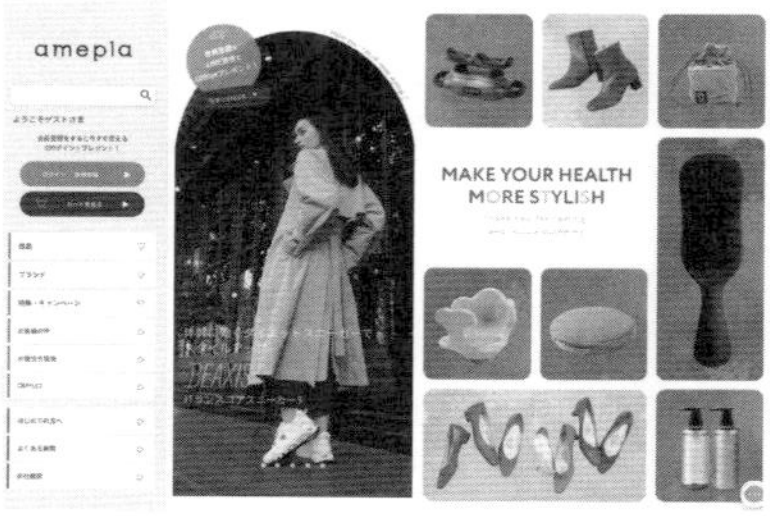

（左）会員数43万人、月間来訪者数136万人を誇るECショップ「amepla -アメプラ-」。（右）2024年10月に有楽町マルイにオープンした直営店

例えば、最盛期に年間13億円を売り上げたシェイプキューブは、今ではその1パーセントにも満たないという。それでも当時より全社売上げは10億円ほど増えている。この「ヒット商品を生み出し続ける力」は特筆ものだ。

「どれだけヒットしても、そのピークはせいぜい3年ほど。だからこそ、商品もブランドもバランス良く分散させていきたい。そこそこ売れる商品が常時20個くらいあれば、潰《つぶ》れない会社になるのではないかと考えて事業をつくってきました」

そのために重要なのが「打席に立つ数だ」と、山田は言葉を続ける。新しいチャレンジにはお金も時間もかかり、無駄なことも数多く出る。それでも打席に立たないと始まらないと。

同社では常に月間200本ほどのアイデアを出し合い、そのなかから5本ほどがサンプル化され、さらに絞り込んで商品化していく。「商品開発部1人当たり、月に10本」という商品提案数はかなりハードに感じるが、ロングセラー商品がないことが逆に、同社の強みになっているのではないかという。

「私たちが重視しているのは、社名の由来でもある『AMAZING』。1人でも多くの人に喜びや感動を生み出すことが最大のテーマであり、何よりもそれが楽しい。そのために商品はもちろん、写真やコピーやすべてにこだわって『欲しい』を追求しています。モノに溢れる社会だからこそ、届けたいのは新しさでも便利さでもなく、その先のプラスアルファの幸せです。そのためにも、まず私たち自身がより楽しく日々を過ごすことが大切だと考えています」

2024年10月、同社は初の直営店を有楽町マルイ店内に開設し、この反響が非常に良かったことから、今後大都市圏において直営店舗の展開に注力していく予定だ。リアル店舗の持つ発信力はSNSとの相乗を生み、次なる可能性も拡大。東南アジアを中心とする海外からの提携要請も多く、今後はさらにグローバル市場での大きな成長を見込んでいる。

株式会社アメイズプラス
〒453-0801
愛知県名古屋市中村区太閤3-1-18 名古屋KSビル4階
☎052-485-4759
https://amaze-plus.com/

設　立●2008年1月
資本金●1000万円
従業員数●120名(グループ計)
売上高●61億円(2024年11月期)
事業内容●「IT×専門性あるモノづくり×クリエイティブ」の相乗を生かし、ヘルスケア領域を中心とした商品の企画・開発・販売

ジャクパ

〝人生初めての体育の先生〟としての使命感を大切に子ども一人ひとりの個性や成長に合わせた教室を運営

代表取締役社長 髙島 勝

幼稚園・保育園・認定子ども園向けの「正課体育指導」「課外スポーツ教室」「英会話教室」の運営を中心に、創業以来50年以上にわたって〝幼少児の能力開発教育〟に注力。業界のパイオニアとしての評価は高く、現在の契約先は1100園を超える。近年はシンガポール、インドネシアなどを中心に海外進出も加速。活躍の場を世界に広げている。

「とことん人を大事にすること。一人ひとりの思いや個性にしっかり寄り添っていくこと。それは園児に対してはもちろん、園の先生や社内のスタッフに対しても同じです。創業以来、私たちジャクパに連綿と受け継がれてきた、この企業文化をこれからも守り育てるとともに、指導の質のさらなる底上げを図り、社会の期待に応えていく企業でありたい。それが社長としての私の何よりもの使命です」

そう語るのは、2024年4月に3代目社長に就任した髙島勝だ。体育系の大学を卒業後、新卒で入社し指導員として社会人人生をスタート。その後、支部長、取締役などを経て、初のプロパー社長として抜擢された。

「だからこそ私に求められているのは、現場目線からの経営であり、原点に立ち返って丁寧に会社の基礎固めをしていくことが大切だと考えています」と、言葉を続ける。

園の方針に合わせたきめ細かなカリキュラムを構築

同社の特徴としてまず挙がるのは、約300名の指導員のほとんどを正社員として雇用していることだ。じっくり時間をかけて人を育て、子どもたちへの責任感を養い、園との信頼を深めていけることは大きな強みで、「正社員による指導」は非常に評価が高いという。

定型的なお仕着せ教育ではなく、園の経営方針に合わせた形で、独自のカリキュラムを構築していることも同社な

わが社はこれで勝負! 1100カ所 12万人

子ども一人ひとりの個性や成長に寄り添った指導が強み

ジャクパの契約園数は国内海外合わせて約1100カ所、カリキュラムを提供する園児の総数は12万人を超える。また、体育・サッカー・新体操・スイミングなどのスポーツ教室や英会話教室などの課外教室は会員制で、会員は3万人ほどになる。同社の指導者は約300人、そのほとんどが正社員であることが大きな強みだ。

らではだ。例えば「丈夫な子どもに育てたい」「挑戦意欲を持った自立した子どもを育てたい」などの意向に沿って、園の特徴や魅力をより引き出す指導をしているのだ。

指導員は1人で数百名もの子どもたちを担当するが、すべての名前と顔を覚えることはもちろん、その日のコンディションなども把握し、どこでどんな声のかけ方をするか絶えず目を配る。さらには褒《ほ》め方なども個々の性格に合わせた対応をしているという。非常に大変な仕事だが、だからこそやりがいが大きいといえるだろう。

もう一つ、高島が重視しているのが〝心を育てる〟という側面だ。「私は学生時代から剣道に没頭してきましたが、剣道で大切なのは相手に敬意を払う気持ちです。それは他のスポーツでも同じです。競い合うこと、強くなることも大事ですが、それだけに終始するとその後の成長が止まってしまいます。まだ幼い時期だからこそ、もっと先を見据えた心がこもった指導が大切だというのが私たちの思いです。このような『子どもたちの人生の初めての体育の先生』という自負や使命感の積み重ねが、当社の成長を支えてきたといえるでしょう」

そんな同社の歴史を振り返ると、銀行で働いていた大寄康雄が、仕事の休みの日を使って幼稚園で体育教育を始めたことが起点となっている。数年のうちに担当先は12園へと増加し、1972年に前身となる幼少児能力開発センターを創業した。翌年には銀行を退職して、この事業に専念することになる。

PROFILE

髙島 勝
たかしま まさる

1958年、長野県出身。仙台大学体育学部卒。新卒でジャクパに入社し、体育の先生として指導に携わる。その後、支部長、取締役などを経て、2024年4月に代表取締役社長就任。

当時は、第2次ベビーブームの真っ盛り。独自性をアピールしたい園が多かったこと、一方で園の先生はほとんどが女性で、「体育を教えるには専門家にお願いしたほうがいい」との要請が強かったことから、取引先園数は一気に増えていった。

現在の事業モデルは、このころからすでに骨格が形づくられていたという。午前中は園の〝正課〟として体操を中心に、午後はより本格的なものとして、会員制での課外教室を実施。体育教室に始まり、剣道、サッカー、新体操などと裾野を広げている。サッカーはＦＣチームも創設し、「U-12 第26回全国少年少女草サッカー大会」優勝を始め、輝かしい戦績を収めている。この優勝を機に、埼玉県狭山市に専用の施設「狭山総合グラウンド」も開設した。

一方、創業間もないころから、合同発表会などの成果を披露する機会を積極的に設け、体操競技大会、剣道大会、サッカー大会などを開催。スキー合宿などの野外教育活動にも力を入れた。１９７９年には開業したばかりの西武球場で「国際親善幼

（左）キャンプ、合宿、スキー教室など、野外教育活動にも力を入れる。（右）サッカーグラウンド、テニスコート、多目的ホールなどを併設した「ジャクパ・スポーツクラブ 狭山総合グラウンド」

少児大体育祭アスレバル」(注1)を実施し、第7回開催では当時のギネス記録となる1万2000人での人文字を完成させるなど、非常にスケールの大きい取り組みも多かった。

"ジャクパ流" 幼児教育の仕組みは海外でも高評価

順調に事業を拡大させつつも、多角化の判断も早かった。2000年に英会話教室を開始し「講師はすべてネイティブ」というこだわりで支持を拡大。現在の中枢事業に育っている。

海外展開も2005年からと、業界に先んじて取り組んだ。シンガポールへの講師派遣を皮切りに、翌年には現地法人を設立。その後も、マレーシア、インドネシア、ベトナムで、現地法人や合弁会社を立ち上げている。

「これらの国の現況は、私たちが事業を立ち上げ、急成長を果たした当時の日本によく似ています。『子ども一人ひとりに寄り添ったカリキュラムをつくって指導する』という日本式の幼児教育の仕組みは海外では極めて異例で、非常に評価が高い。

（注1）第2回目からは「アポロバル」の名称に変更。現在は「キッズワールド アポロバル」として、毎回2万名を超える幼少児と保護者が参加している

同業他社の参入もほとんどなく、マーケットは今後爆発的に伸びると期待しています」

今後の課題は、多様性への対応だという。グループ保育が増えたことで集団での行動が減り、あるいは発達障害の子どもの増加などで、指導はよりきめ細かくなっている。そのためにも、「投資を増やしてでも採用を強化し、教育環境を充実させていくことが大切だ」と高島は語る。

「幸いにも、私が心から尊敬する先代の五十嵐勝雄会長は今もご健在で、海外事業の拡大に尽力いただいています。その子息である航副社長は次代を担う存在として活躍の場を広げ、内部を固めてくれる頼もしい専務もいます。このチームの強さを前面に出し、私自身は現場と社内の結節点としての役割を果たしていく。そして、日本の将来を背負って立つ子どもたちにとってより良い環境になるように、これからも全力を尽くしたいと考えています」

株式会社ジャクパ
〒187-0041
東京都小平市美園町1-7-14
☎042-345-6111
https://www.jacpa.co.jp/
創　業●1972年2月
資本金●9500万円
従業員数●286名（パート・アルバイト除く）
売上高●36億円（2024年3月期）
事業内容●幼稚園・保育園・子ども園向けに、幼少児の能力開発教育を中心とした事業を展開

エータイ

安心で高付加価値な〝永代供養墓〟をワンストップで提供
お寺を舞台に地域の人々の距離を近づけ、こころをつなぐ

代表取締役　樺山 玄基

新たにお墓を建てたい、あるいは今あるお墓をどう将来に受け継ぐか悩んでいる人。一方、人口減少や檀家離れなどで経営の安定に腐心する全国の寺院。エータイは、それぞれの〝負〟の解消を理念に、永代供養墓の普及を通じた社会性の高い事業のあり方を追求してきた。マーケットが堅調に拡大していくなかで、業界第一人者としての存在感をさらに強めている。

「墓じまい」という言葉がメディアで話題になることが増えた。これは「今ある墓石を撤去し、その土地を更地《さらち》にして墓地の管理者に返還すること」を指し、社会環境や個々の意識の変化から近年急増。２０２２年度のデータでは、全国で15万件超と過去最多の数値となっている。

「その背景には、地元から離れて住んでいるためお墓の管理が難しい、将来的に子どもたちの負担が大きくなることを避けたい、そもそもお墓を受け継ぐ人がいないなどの理由が挙げられます。

では、墓じまいをした後の受け皿はどうするのか。その選択肢の筆頭に挙がるのが〝永代供養墓〟です」

そう語るのは、20年近くにわたり永代供養墓に特化した事業を展開しているエータイの樺山玄基社長だ。

永代供養墓とは、遺族に代わって寺院が自らの敷地内で永代的に遺骨を管理・供養してくれる埋葬方法のこと。ただしお墓の様式に定めはなく、樹木を墓碑とする樹木葬、マンション式やロッカー式の納骨堂、通常のお墓に近い見た目の個別墓、複数の人の遺骨が一緒に埋葬される合祀《ごうし》墓など、さまざまな種類がある。

もちろん、墓じまい対策だけではなく、最初から永代供養墓を求めてくる客も多い。前記した管理の煩わしさ以外にも、お墓にかかるお金を減らしたい、もっと身近な場所にお墓を持ちたいなどと考える人が増えているからだ。

「かつて永代供養は、無縁仏を祀《まつ》るものと考えるなど、ネガティブなイメージを持つ人が少なからずいました。そこ

わが社はこれで勝負!

30000組以上

永代供養墓のなかでも近年人気になっている「樹木葬」

これまでに販売した永代供養墓は、全国の提携寺院を通じて30000組以上。2024年実績も4300組ほどになるといい、変わらず需要は旺盛だ。お客さま満足度は97.2%（※）と非常に高く、年間約2万件寄せられるというお墓への相談件数の多さも、業界の第一人者としての評価や信頼を表している。

（※）エータイ調べ。期間：2021年11月～2022年2月「ご契約者様アンケート」を基に算出

で私たちは、本来の永代供養墓の意義や魅力をしっかり伝えるべく、付加価値を高め、安心・信頼いただけるサービスの提供に注力してきました」

寺院一つひとつの思いに寄り添い、経営の多角化や安定を支援

お墓を建てる人、受け継ぐ人の、現代のニーズに応じる形で成長してきた永代供養墓だが、実はもう一つの大きな側面がある。それが寺院経営の安定に寄与することだ。

「寺院の主たる収入源は、葬儀や法要の際に檀家さんからいただくお布施です。しかし全国的に檀家の方々が高齢化し、次の世代へのスムースな引き継ぎも難しい。そもそも地方では、顕著に人口減少が進んでいます。長い歴史を受け継いできた寺院を、どう将来に受け継いでいくかは、私たちにとって非常に大きなテーマです」

同社の事業モデルの特徴は、永代供養墓の販売にかかわる業務をワンストップで実現するコンサルティング力にある。寺院側の希望や立地に合わせたコンセプト設計、デザイン、許認可の手続き、造成・建立、広告・宣伝、契約行為、販売後の墓地の管理、購入者のアフターフォローなどまで、あらゆるすべてに対応する。

さらに開発時の先行費用はすべて同社負担で、寺院側のリスクは限りなく少ない。お金やノウハウがなくてもすぐに参入ができる非常に頼れる存在なのだ。販売後は、お墓の売上げは寺院に

PROFILE

樺山 玄基
かばやま げんき

1984年、東京都出身。立教大学経済学部卒。大学在学中から共同でレコード販売を手がけていたが、2011年9月父親の誘いで家業であるエータイに入社。永代供養墓事業の黎明期から、事業に参画。2019年8月代表取締役就任。著書に『令和時代のお墓入門』(幻冬舎)。

入り、同社の収益の中心は販売額に応じた手数料となる。

墓地の規模は300～500基のものが多く、寺院にとっては地域の人々との接点が広がり、その後の法要などの依頼にもつながりやすいのも大きなメリットだ。

これまでに同社が手がけた墓地は、関東圏を中心に国内90カ所以上。現在進行中の案件も含めると100カ所を優に超えており、着実にその数を増やしている。

「業務の内容は不動産デベロッパーに近い部分がありますが、寺院や檀家の皆さまの思いに寄り添い、一方で人の死に向き合う事業ですから、より丁寧に時間をかけて進めていくことが求められます。資本力があるものが必ずしも優位とはいい切れない、そういった愚直さやホスピタリティが、私たちの競争力の源泉にあります」と樺山は言う。

また、業務の内容が非常に多岐にわたっており、それぞれの分野に専門性が高い社員が配置されていること。この多彩な人材力も、これまでの成長の基盤になっている。

（左）寺院を舞台に地域住民とのコミュニケーションを図るイベントを積極的に開催（右）多種多様な永代供養墓の開発を手がけ、いずれもデザイン性が非常に高い

お墓を通じて家族をつなげ社会のこころを豊かにする

古くて新しい永代供養墓の業界。大きな変わり目は2009年ころ、「雑誌の連載などを通じて〝終活〟という言葉が注目され始めた時期です」と樺山は振り返る。「自らの老後や死後について考える方が増え、お墓や供養の形が多様化していくなかで、私たちがその受け皿になったのです」

実際に最近の永代供養墓のチラシを見ると、非常にスタイリッシュで、デザインも驚くほど多種多彩だ。

その理由として、購入者だけではなく寺院側の意識の変化も大きいという。「明るくきれいな墓地が増えることで参拝がしやすくなる。人が集まる場所になる。お寺の印象もアップする。長い歴史のなかで町のシンボルであり続けた、お寺の価値を再興できるからです。その点にこそ、単に収益貢献だけではない事業の社会的価値があると信じています。その思いは、社内のみんなとも共有しています」

核家族化が進むなど家族が疎遠になり、人と人の関係が希薄になりがちな現代だが、そのハブになりうるのがお寺であり、こころをつなぐ機会がお墓参りではないかというのが樺山の持論だ。同社は積極的に境内でのイベントも手がけており、「人と人のこころのつながりをサポートし、社会のこころを豊かにする」という創業理念の実現に邁進《まいしん》する。

「幸いにも市場は堅調で、つくっただけ売れていくという手応えがあります。だからこそ第一人者としての私たちの使命は、永代供養墓の明確な基準をつくって市場の健全性を高めていくこと。そして、私たち自身も株式上場を実現し、より多くの方から信頼いただける存在を目指すこと。『エータイのお墓なら安心できる』といわれるようなブランド力を、しっかりと育てていきたいと考えています」

株式会社エータイ
〒101-0054
東京都千代田区神田錦町3-21
クレスト竹橋ビル3階
☎03-6328-3526
https://eitaikuyou.net/

設　立●2004年10月
資本金●2000万円
従業員数●132名
売上高●23億7000万円
(2024年8月期)
事業内容●永代供養墓及び墓地の総合デザイン、墓地利用者の募集・販売代行、寺院経営コンサルティング

ひよこグループ

子ども一人ひとりの個性と社会のニーズに愚直に向き合い 笑顔溢れる社会へ、より豊かな〝子育て環境〟をつくる

代表取締役 青野 里美

「安心して我が子を預けられる施設が欲しい」。自らの理想を求めて立ち上げた1軒の保育園は、地域からの支持を集め、自治体からも頼りにされ、子育て支援施設・障がい児向け通所施設など40を超える大きなネットワークに育った。そして今思い描くのは、多様な人が笑顔で集い、やりがいを持って働くことができる場所。「ダイバーシティパーク」の実現だ。

子どもたち一人ひとりにしっかり目が行き届いているか。何かトラブルがあった時に速やかに最善策をとることができるかどうか。ひよこグループ社長の青野里美に「安心して我が子を預けられる施設とは何か」を問うと、この2つが即座に回答として挙がった。

実は青野には、苦い経験がある。東京から故郷仙台に戻り、保育園探しをしていた時、「怪我《けが》をして血だらけになっている園児が、そのまま放置されている現場」を目《ま》の当たりにしたのだ。

同時に自らの幼いころの記憶が鮮烈に蘇《よみがえ》った。後遺症が残るほどの大怪我をして、それなのにフォローもなく、園の先生がお見舞いにもきてくれなかったことを。

この経験を機に、青野は矢も楯もたまらず保育園を立ち上げる決意をする。そして2000年、宮城県岩沼市に認可外保育園「ひよこ園」が誕生した。

それまで起業など考えたこともなく、業界のこともわからないと、まさに徒手空拳。当然のように園児は集まらず、我が子2人からのスタートだったという。

「ポスティングなども効果がなく、考えたのは〝楽しい場所だよ〟と伝えていくこと。クリスマスイベントや食事会などを繰り返し行い、親御《おやご》さんたちと語らう機会が増えるにつれて、園児も少しずつ増えていきました」

嬉しかったのは、「子どもがいるので働くことをあきらめていた」という母親が「こんな施設なら預けてみたい」「私も仕事をしようかな」と言ってくれたこと。当初から

わが社はこれで勝負!

20000名

書道、茶道、水泳、体操など幅広い教育プログラムを提供

宮城県を中心に、認定こども園、認可保育園、小規模認可保育園、企業主導型保育園、放課後児童クラブ、児童館などの子育て支援施設。児童発達支援、放課後等デイサービスなどの障がい児支援施設、障がい者支援施設など40カ所以上の施設を運営。これまでにおよそ20000名の子どもたちが同社の施設から育っている。

青野は「女性が社会に出る手助けになれれば」という思いを強く抱いており、園は休みなしで、朝7時から夜9時までの運営をしていた。まさにその願い通りの反応が得られたからだ。

「期待に応える」の積み重ねで施設数は拡大。カリキュラムも進化を続ける

カリキュラムは試行錯誤の繰り返し。日本の四季をイメージした行事を企画し、習い事にも工夫を凝らした。子どもたちの個性に向き合って、泥臭い保育を心がけた。これらの姿勢が評価され、2年目には40名ほどの生徒が在籍。以降は、口コミで希望者がどんどん増えていった。しかし2施設目の開設は、実は創業から10年が経過してからのことになる。

「仙台市の栗生《くりゅう》にあった保育園がなくなることになり、保護者が困っているという話を聞いて、『何とかしなきゃ』と始めたものです」と、青野は当時を振り返る。同じ年に、初めての障がい児向け施設（放課後等デイサービス）を立ち上げたが、これも保育園に通っていた子どもの親に相談されてつくった「たった一人のための」施設だった。

「施設をどんどん増やしたい、会社を大きくしたい」ではなく、青野がこだわってきたのは「必要とされたら、その期待にしっかり応える」という真摯《しんし》な取り組みの積み重ね。それがより良い成長のスパイラルをもたらした。特に東日本大震災以降は、加速度的に施設数を増やしており、認定こども園、認可保育園、企業主導型保育園、児童発達支援・放課後等デイサービス、さらに

PROFILE

青野 里美
あおの さとみ

1966年、宮城県出身。高校卒業後、東京での生活を経て2000年に帰郷。自らの原体験をベースに、同年11月保育ルーム「ひよこ園」を開園。2006年に法人化。2010年に特定非営利活動法人ひよこ会を設立。障がい児・障がい者支援にも注力する。

は自治体からの受託で、相談支援事業所、児童館などの運営も手がけるなど、事業領域は大幅に拡大した。

この間、各施設のカリキュラムも充実度を増している。保育系施設では、書道、茶道、水泳、空手、体操教室、英語など、多種多様なプログラムが曜日代わりで実施され「そのなかから得意なものを子どもたちが見つけて、将来より本格的に習い事を始めるためのステップになっている」という。

障がい児系施設でも、音楽やスポーツなどの療育コンテンツに注力。「将来的に自立できる」という当初の目的をさらに進め、一人ひとりの「得意をつくる」が直近でのテーマだ。またグループ内に就労の受け皿をつくっているのも大きな特長だ。

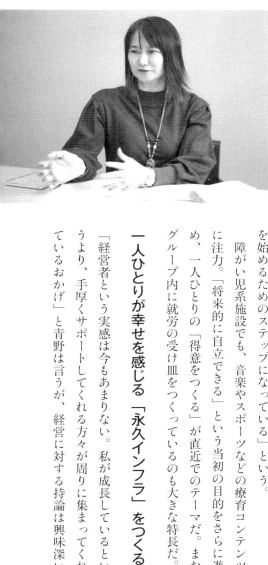

一人ひとりが幸せを感じる「永久インフラ」をつくる

「経営者という実感は今もあまりない。私が成長しているというより、手厚くサポートしてくれる方々が周りに集まってくれているおかげ」と青野は言うが、経営に対する持論は興味深い

（左）認定こども園「名取ひよこ園」（宮城県名取市）外観。（右）児童発達支援・放課後等デイサービス「チルハピスポーツ北仙台教室」（仙台市青葉区）の施設内の様子

ものが多い。その一つが数字へのこだわりだ。

「私たちの業界は『社会のためにいいことをしている』という自己満足で終始してしまうことがあります。しかし、良いサービスを提供するのは当たり前のこと。それは出発点です。当社は業界では珍しく売上目標というものがあります。会社として確実に収益を立てて、安定継続を図り、スタッフにも還元できるように。こういった経営目線はみなと共有しています」

さらに道徳面。「ありがとうがしっかり言えるかどうか」などの意識共有を徹底しており、時代の変化に合わせて事業も組織もアップデートし続けられるか、そのこだわりも強い。

このようにマルチな成長を続ける同社には、コンサルティングの依頼も非常に増えている。特に、保育系から障がい児施設への進出に対する相談が多く、園の立ち上げから開業後の運営指導などまで幅広くニーズに応えている。さらに、「その施設を卒園した先の受け皿を自社でつくる」など、コンサルティングに留まらない新たな連携も進んでいるようだ。

「ダイバーシティパーク」。これは青野が今後つくり上げていこうと考えている、壮大なプラットフォームのことだ。「今までつくり上げてきた施設一つひとつが独立したものではなく、もっと一体化して、さらに社会に溶け込むような環境をつくっていきたいのです。そこには施設以外にも、農園があったり、カフェや美容室などがあったり。そして、年齢・性別、障がいの有無関係なく多様な人が集まってきて、ともに笑顔で時間を過ごし、あるいはそれぞれの施設で働く。そういった地域交流のハブとして全国に広がっていくイメージをしています」

コミュニケーションの機会を増やすことで、気軽に相談しあえる仲間が増える。いつどんな立場になっても働ける場所があることは、自分の価値を再確認できる機会になる。「一人ひとりが幸せと感じる永久インフラ」の創造へ、青野は次なる夢を膨《ふく》らませている。

株式会社ひよこグループ

〒980-0021
宮城県仙台市青葉区中央4-4-19 アーバンネット仙台中央ビル3階
☎022-785-8495
https://hiyoko-group.com/

設　立●2006年5月（創業2000年）
グループ資本金●1800万円
従業員数●約300名（グループ計）
売上高●12億2156万円（2024年3月期）
事業内容●宮城県仙台市を中心に、子育て支援施設、障がい児・障がい者支援施設を運営

レック

冠婚葬祭カルチャーを変革し続けてきた企業が挑むボトムアップで価値を生み出す〝理念経営〟の第2章

取締役社長　梅原 栄次

エモーショナルなデザインアルバムで婚礼写真を根底から変えた「ラヴィ・ファクトリー」、少人数専門ウエディングのパイオニア「小さな結婚式」、アットホームな家族葬を提案する「ファミリー葬」など、ユーザーの心に刺さるアイデアを次々に事業化し、冠婚葬祭の世界を鮮やかに変革し続けてきたレック。社長交代を経て、第2フェーズへの挑戦が始まっている。

「今までの常識を覆《くつがえ》すようなサービスをいくつも世に出してきたことで、その新規性やビジネスモデルに注目が集まることが多いのですが、レックのビジネスはいずれも創業者の高橋泉（現・顧問）が掲げてきた理念から生まれたもの。そして、高橋が思い描く未来や理想に共感するものが集まり、現在の会社や事業が形づくられてきました」

そう語るのは、２０２３年に2代目社長に就任した梅原栄次だ。

高橋が新しい事業を手がけるうえで、大切にしてきたポリシーは大きく3つ。社会的価値があること（バリュー）、新たな業態であること（パイオニア）、そして時代に合っていること（トレンド）だ。

ちょうど今、新たな事業構想が次々と進んでいるが、「このポリシーがすべての前提になっています」と、梅原は言う。梅原は言う。「なかでもレックが大切にしてきたのは社会的価値。心から喜んでくださるお客さまがいない事業は、たとえ利益が得られたとしても取り組む意味はありません」

理念が事業を生み出し、知恵が事業を継続させる

梅原が入社したのは1997年4月。新卒で入った会社が阪神・淡路大震災後に倒産し、藁《わら》にもすがる思いで開いた求人情報誌に、たまたま掲載されていたのが同社だったという。

「まだ神戸周辺にしか拠点がなかった時代ですが、私が面

わが社はこれで勝負！ 40000件

フォトウエディングの新たなスタンダードを確立した

ラヴィ・ファクトリーの年間撮影数は、創業以来伸び続け、2023年度実績で約40000件と業界トップ。コロナ禍以前は、提携結婚式場からの依頼やホテルからの紹介案件が大半を占めていたが、路面店や自社メディアへの思い切った投資でダイレクトな集客を強化。現在は、BtoBとBtoCの割合がほぼ半数ずつのバランスとなっている。

接に行くと、『いずれ世界に行く』と堂々と宣言していて。こんな会社があったのか、と衝撃を受けると同時に、ワクワクする未来を語っていただいたことに心惹《ひ》かれました」

その後、梅原は「小さな結婚式」事業の立ち上げプロジェクトに参画する。２０００年当時、参列者20人以下の人前挙式を、挙式料、衣裳、ヘアメイク、写真まで込みでわずか４万８０００円という、業界の常識を破るプライシングで打ち出したものだ。ここには、「誰一人、結婚式をあきらめなくてよい環境をつくる」という、高橋の強い思いが込められている。

「当時の結婚式は、ホテルや式場にたくさんのゲストを呼んで盛大に祝うのが主流でした。一方で、婚姻はしても挙式も披露宴もしない人も少なくなかった。そのなかにはパーティーよりセレモニーだけをしたいとか、２人だけで思い出をつくりたいなど、表に出ていないニーズがたくさんあったはず。しかし、それに応える場がなかったのです」

こうして神戸に開いた1号店には、「再婚だから」「授かり婚だから」「震災で結婚式ができなかったから」など、さまざまな理由で挙式をあきらめていた人からの問い合わせや申込みが殺到したという。ただ、採算に乗るまでにはかなりの時間を要した。

「立ち上げから4年間赤字が続き、オプション商材を充実させたり、オペレーションを工夫したりと、利益がきちんと出るまでかなり苦労しました。それでも、目の前のお客さまが喜んでくれているのですから、取り組む価値があることははっきりしています。前に進むこと自体に迷いは

PROFILE

梅原 栄次
うめはら えいじ

1967年、大阪府出身。神戸学院大学卒。美容材料卸会社を経て、1997年4月レック入社。「小さな結婚式」事業の立ち上げなどを推進し、2007年取締役就任。常務取締役、専務取締役を歴任後、2023年6月から現職。

なかったので、知恵の絞り甲斐がありました」

トップが理念に基づいてアイデアを生み出し、社員が知恵を絞って育てていく。このスタイルこそ、これまでの同社を支えてきた黄金の成功パターンなのだ。

「生み出す力」をトップダウンからボトムアップへ

企業として初めてのトップ交代を経て、梅原が自らに課しているミッションは「10年後のレックづくり」だ。これまで高橋が担っていた「生み出す力」を全社に広げ、10年後の柱を生み出すべく、事業開発を加速しようと力を入れる。

基本的な方針は、「より多くの人のお役に立つ」ために冠婚葬祭関連の既存事業のリソースを見直し、横展開の可能性を探ることだ。例えば、デザインアルバム関連では、すでに新ブランド「ラヴィクルール」が軌道に乗っており、マタニティ、バースデー、家族旅行など、ウエディング以外にフィールドを広げている。また葬儀関連では、大切なペットを家族の一員とし

（左）業界の常識を覆したリーズナブルな価格設定で人気を博した「小さな結婚式」。（右）「KSGコンテスト」の2024年・2025年の募集ポスター

て大切に見送る「ペット葬」も好調だ。

さらに、若手～中堅社員を中核とする「未来構想プロジェクト」を走らせ、高齢者、インバウンド、海外という3つのテーマを軸に構想を膨《ふく》らませている。「具体的な事業計画も複数動き始めています」と、梅原は話す。

このようなボトムアップ型への注力は、唐突なものではない。高橋が社長のころから、着々と進められてきたものだという。

「高橋から経営のバトンを渡された時、『これだけは絶対に続けてほしい』と念を押された施策が3つあります。これらはまさに、社員全員の経営参加を促すものです」

1つ目は、全社員を対象に業務改善や新商品のアイデアを募る「ＫＳＧコンテスト」だ。最高５００万円もの賞金が用意されており、毎年何百件もの応募が集まっている。過去には「ウエディングドレスに重ねると、一瞬でお色直しができるオーバーカラードレス」というヒット商品も誕生している。

2つ目が、毎年1月に表彰式を行う感謝状と優秀社員賞だ。

あえて裏方の仕事にスポットを当てるユニークな表彰制度で、受賞の席では、推薦者から心を込めたメッセージが読み上げられる。表彰される社員のモチベーションアップだけでなく、「人の長所に気づき、褒《ほ》め、喜び合う」という、サービス業に大切な感性を育む機会にもなっている。

3つ目は、各事業の店長が四半期ごとに集まり、丸2日間白熱の議論を交わす「マネジメント研修」だ。現場の課題を共有し、仲間とともに成長する貴重な場になっている。

「社員一人ひとりが自由に発言していく風土は、未来づくりの大きな力です。直近では、高橋の哲学を書き下ろした2冊組のコンセプトブック『希望の泉』『勇気の泉』が完成して、その考え方や私たちがあるべき姿を常に共有しています。抽象から具体へ。今まさに、当社らしい文化が新たな未来を形づくろうとしています」

株式会社レック

〒650-0044
兵庫県神戸市中央区東川崎町
1-3-3 神戸ハーバーランド
センタービル18階
☎ 078-360-0920
https://www.lec-net.com/

設　立●1989年9月

資本金●5000万円

従業員数●734名

売上高●104億円
（グループ計132億円/2024年5月期）

事業内容●ラヴィ・ファクトリー、小さな結婚式、ブライダル美容など冠婚葬祭にかかわる多様なサービス

ハンズホールディングスグループ

“人材”の採用と育成を軸にグループの本質的価値を追求 国境と業界を超えた、究極の「多面体企業」を目指す

代表取締役社長兼グループCEO　徳村 有聡

商業空間を中心とした総合建設事業と、業務請負・派遣などの総合人材サービス事業の両輪で成長。「空間×人」をコンセプトにしたグループ間の相乗は、国境・業界を超えた広がりを見せている。企業として永続を図るため、あるべき本質的な未来は何か。究極の「多面体企業」としての進化とともに、選ばれるための実力と企業ブランドの創出に力を注ぐ。

「日本にきて建設業界に就職する技術者がすぐに活躍できるように、良質な日本語教育を受けられる環境を用意したい」。そんな強い使命感のもと、ハンズホールディングスグループはベトナム・ハノイで新たに学校を設立。2024年5月に、ベトナム系の政府企業や専門学校(注1)と、人材育成・採用協定調印式を実施した。

「日本企業は採用時に『日本語がどれだけ堪能か』を先に考えがちですが、私たちはまったく逆。

(注1) ベト・インターナショナル教育文化復興株式会社ならびに、インドシナ専門学校(インドシナインターナショナルカレッジ)と調印を実施

専門知識がどれだけあるかを入り口にしています」

グループＣＥＯの徳村有聡がそう語るように、ここでは現地の大学の建築系学部出身の希望者を対象に、２級建築施工管理技士相当のテストを実施し、合格した者に1年間無料で、日本語を学ぶカリキュラムを提供する。卒業後は日本に招いて、グループ内での採用につなげている。

「事業の特徴が何か、どんな技術を持っているかという以前に、しっかり人材を確保できる会社が強く、優秀な人材が育つ会社が勝ち残る。私たちはまず、その根幹的なところから見直しを図ってきました」

現在、建設業界では施工管理技術者の不足が深刻な問題となっており、旺盛な建設需要に応えられていないのが実情だ。しかし、抜本的な対策は施されていない。そんな業界の問題解決に一石を投じたいという思いが、徳村のなかに強くある。「世界的にも技術水準が高い、日本の建設業界で働きたいという現地の学生は非常に多い。まずは、私

わが社はこれで勝負！ 6 Spirits

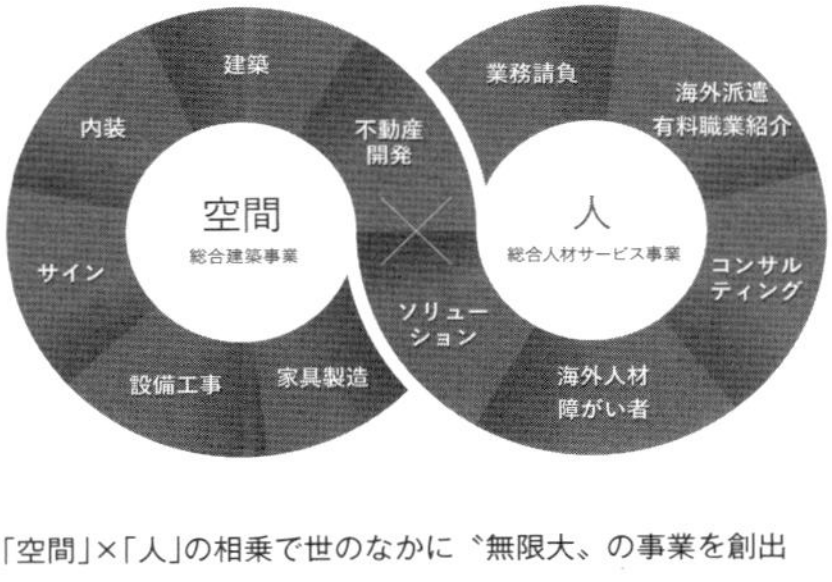

「空間」×「人」の相乗で世のなかに〝無限大〟の事業を創出

ホールディングス化に合わせて企業理念の再構築を行い、基本精神である「Hands 6 Spirits」を掲げた。さらに2024年に見直しを図り、現在は、革新・創出・生産・学び・多様性・誠実の6つのキーワードを軸に構成している。重視しているのは、より本質的なものを見抜く力。そのための探求心の育成に力を注ぐ。

たちが受け皿となって成功事例を重ね、その後は広く門戸を開いていきたいと考えています」

これらの取り組みはグループ全体から俯瞰《ふかん》すると、人材教育・紹介事業であるとともに採用活動であり、海外事業であり、企業ブランディングの一環でもある。「もはやグループ個々の企業ごとに事業を語る時期ではない」と、徳村が語る理由はここにある。

建設業から人材事業へ、そして海外へ。「空間×人」の持つ可能性と広がり

会社の歴史は1987年、徳村の叔父が立ち上げたチョウエイがその始まりだ。店舗什器《じゅうき》・オフィス家具の施工から、内装・建築工事へと業容を広げ、「特にロードサイドの商業施設建設に強い」総合建設事業へと着実に成長を遂げていった。

直近では、初のデベロッパー案件となる「ハンズフォレスト和光」をオープンし、企画・設計から開発、建築・内装工事、施設運営などまでの一気通貫体制を強化。商業施設としては珍しい木造建築を採用し、「地球環境に配慮した」独自の付加価値も提唱している。

一方、建築現場での軽作業の人材獲得の内製化を図るため、そして将来の社内人材発掘の期待とともに、早期から人材事業にも着手。建築内装現場での請負を皮切りに、物流・運送、イベントと業界を広げ、人材派遣・人材紹介事業などまで多角的に展開してきた。

人材事業の特徴は、全国約50カ所の営業所網を生かした「同一品質」でのサービス提供と、多

（注2）2013年にチョウエイハンズの事業持株会社化に合わせて吸収合併

PROFILE

徳村 有聡
とくむら ありとし

1981年、宮城県出身。大学を卒業後は世界中を歴訪し、2009年にハンズグループ入社。2019年グループの代表取締役兼グループCEOに就任。2021年、純粋持株会社としてハンズホールディングスを設立。

能工としてのスタッフのスキルの高さだ。これらの強みを生かして多様なニーズにきめ細かく応えている。

グローバル展開では、前述したベトナムの学校設立（技術・人文知識・国際業務向け）以外にも、技能実習制度や特定技能制度にも対応し、インドネシア、ウズベキスタン、ネパール、バングラデシュなど幅広いネットワークを構築している。

また障がい者雇用のニーズの高まりを受けて、専門会社も設立。知的障がい者ソフトボール大会「ハンズホールディングスCUP」を開催するなど、共生社会の推進にも力を入れる。

「すべての答えが見つかる」企業グループへ

徳村は2009年にハンズグループ（注2）に入社。子会社役員や代表を歴任後、2019年にグループの代表に就任している。

「先代はまったくゼロからのスタートで、売上高100億円の企業をつくりました。では2代目としてどうあるべきか。そう考えた時、その数字を10倍にしてやっと同等といえるのではな

（左）岐阜県との「木の国・山の国 県産材利用促進協定」を契機に、木造商業施設建築に乗り出す。写真はハンズフォレスト和光。（右）建築関係の学部を卒業する学生に日本語教育を提供する学校をベトナムに開設

いかと、すぐに売上目標1000億円を公言しました」

その布石として、同社は2021年にホールディングス化を図り、グループの理念ならびに各事業会社のミッション、ビジョンなどを刷新。第二創業に向けて、グループ社員全員のベクトルを一致させ、企業の進化に合わせて柔軟に形を変えられる組織への再構築を図った。

この時に定めた基本精神「Hands 6 Spirits」が、すべての考え方の起点になる。Spirits 1の「昨日までの答えが今日の答えではない」の言葉に代表されるように、重視しているのは、変わり続けること、能動的に物事の本質を探究していくことの大切さ。その根幹にある個々の思いの強さだ。

そんな同社の企業文化を象徴する興味深い取り組みに、日々の全社朝礼での持ち回りスピーチがある。「自分の思いを人前で話す訓練として始めたのですが、事前につくり込んできた話では面白くない。そこで数枚のカードから1枚を引き、そのテーマで即興のスピーチをしてもらうことにしたのです。常に世

の中の情勢や変化に対峙《たいじ》し、自分の意見をしっかり話さないといけない。その繰り返しが、社内に良い緊張感と闊達な議論を生み出しているのを感じています」

徳村は社内でよく「人は何にでもなれる」と話すという。その思いを受け入れるべく、年齢・学歴・性別、国籍一切関係なく、努力したら必ず報われる組織であることにこだわってきた。

経営の根幹は、何よりも〝人〟だ。これからは、事業内容のみならず「人材の採用・育成まで遡った」ワンストップ体制が問われる時代が来るだろう。人を育てる力がブランドとなり、それが強い競争力を生み出していく。究極の「多面体企業」として、経営の課題も個々のキャリアも「すべての答えが見つかるような」グループへ。そして「優良な施工会社を発注主が取り合う」時代に備え、より本質を見抜き、すべてを底上げしていくことが徳村の最大の使命だ。

ハンズホールディングス株式会社

〒101-0021
東京都千代田区外神田3-12-8
住友不動産秋葉原ビル17階
☎03-5289-0061
https://www.hands-holdings.co.jp/

設　立●2021年2月（創業1987年）

資本金●3億8000万円

従業員数●712名（グループ計）

売上高●195億円（2024年1月期グループ計）

事業内容●チョウエイハンズ、ハンデックス、ハンズキャリア、ハンズグローバル、シェイクハンズからなる企業グループの経営管理

アップ

「総合的な人間教育」を理念に多彩な教育メニューを提供〝やりたい〟に応えて生徒と社員がともに成長できる企業へ

代表取締役社長　小南 達男

成績向上に主眼を置いた高校受験の「開進館」を皮切りに、大学受験の「研伸館」、中学受験の「進学館」、個別指導の「個別館」、さらには科学実験や英会話、保育・アフタースクール、通信制高校サポート校などまで。塾や予備校は数あれど、アップほど多種多様な教育メニューを自前でカバーする例は珍しい。その背景には、同社独自の教育理念がある。

「目の前に困っている子どもがいたら、なんとかしようとする。それがアップの伝統なんです」

事業の多角化の理由を問うと、社長の小南達男から真っ先にそんな言葉が返ってきた。

「子どもには、早生もいれば晩生もいる。集団にもまれて伸びる子もいれば、1対1がいい子もいます。教え方は、100人いれば100通り。既存のサービスで対応できないなら、新しい事業を立ち上げてでも対応していく。現状は、その積み重ねの結果です」

例えば、2001年にスタートした科学実験教室「サイエンスラボ」は、中学受験のクラスでの小さな実験がきっかけだ。「ろうそくの火を手で直接つかもうとした子がいたんです。びっくりしましたが、考えてみれば、確かに今は家庭でマッチを擦《す》る機会すらほとんどない。もっとさまざまな体験を提供する場が必要だと考えました」

一方、幅広い年齢層を受け入れることで、一人の生徒と長くつきあえることの意味も大きい。「習い事や塾をかけもちしたり、予備校に通ったりと、今の子どもたちは、年齢とともに学びの場所を変えるのが当たり前になっていますが、アップは、小中高を通じた居場所でありたい。だからこそ得意を伸ばせるし、スランプにも寄り添える。人生をお預かりする気持ちで教育に取り組んでいます」

2023年には、関西で成長してきた同社の新たなチャレンジとして、中学受験塾で東京に進出。集団指導に個別指導、自習室や質問室もオールインワンにし、あらゆる生

わが社はこれで勝負!　7000、7000、7000人

年齢やニーズに合わせて様々な教室を展開

すべての事業を合わせた生徒数は約2.2万人。内訳を見ると、小学生、中学生、高校生がほぼ7000人ずつの均等になっている。幅広い年齢層に寄り添って総合的な教育を行うアップらしい姿勢が伝わる数字といえる。2世代、3世代にわたってアップで学んだという家族も多く、社員やアルバイトにもアップの卒業生が多数在籍中だ。

徒に丁寧に寄り添う同社らしいスタイルを提案し、ただ合格だけでなく、志望校に進学した後も「あと伸び」する受験指導を首都圏にも広げていきたいと意気込む。

目の前の競争を煽《あお》らず、みんなで成長することを目指す塾

創業から約半世紀、一貫して目指してきたのは「総合的な人間教育」だ。「受験のための塾であっても、合格のためだけに競争を煽ることはしたくない。自分の目標しか見えなくなると、他人を素直に応援できなくなるでしょう。それでは社会に出た時に困ります」

学ぶ楽しさを教えるために「授業も楽しく」がモットーで、「教室が騒がしいからと感情的に怒る先生は半人前。面白い話をすれば、彼らは自然にこちらを向きます」と小南は言う。授業が楽しいからこそ、教員が発したメッセージが生徒たちにしっかり届くのだ。

「生徒が遅刻しても、理由も聞かずに叱ることはありません。それが『おばあさんが道に迷っていたので案内してたから』といった理由なら、むしろ先生も生徒も『それは偉かったなあ』と感心して、自然に拍手が起きる。教える仕事をしていて嬉しい瞬間ですね」

小南は教育の仕事を「農業」にたとえて、こう話す。「子どもたちの心に種を蒔《ま》き、時には厳しく、時には優しく、自信がつくまで寄り添い、自立という実を結ぶまで大切に育てる……。よちよち歩きから、立派に自走できるまで、ずっと関われるし、自分の人生経験のすべてを活かせる

PROFILE

小南 達男
こみなみ たつお

1961年、大阪府出身。関西大学法学部卒。学生時代に地元の子どもたちに学習指導をしたのが教育との最初の接点。1985年にアップ入社。1997年取締役、2010年常務取締役、2017年より現職。2023年には京都洛西予備校代表取締役にも就任。

のが教育という仕事です。しかも私たちは、お金をいただきながら『先生』と呼ばれ、感謝までされる。本当に特別な仕事だと思います」

しかし、やりがいのある仕事だからこそ、優れた資質を持つ教員ほどのめり込んで疲弊してしまう副作用も起きがちだ。そこで小南は、3代目社長に就任した２０１７年以来、「人をど真ん中に置いた経営」の実現に取り組んできた。

社員の「やりたい」を組織として強くバックアップ

「これまで、生徒にとことん寄り添い育てるという方針で、業容を拡大してきました。１００年続く会社にするためには、それを社員にも徹底し、『やりたいことができる会社』『自己実現ができる会社』にしていかなくてはいけません。当社の１００周年は２０７６年。そのころの主役は、今から20〜30年後に生まれる人たちです。今の社員がすべていなくなっても、継承されていく文化をつくる作業にも取り組んでいます」

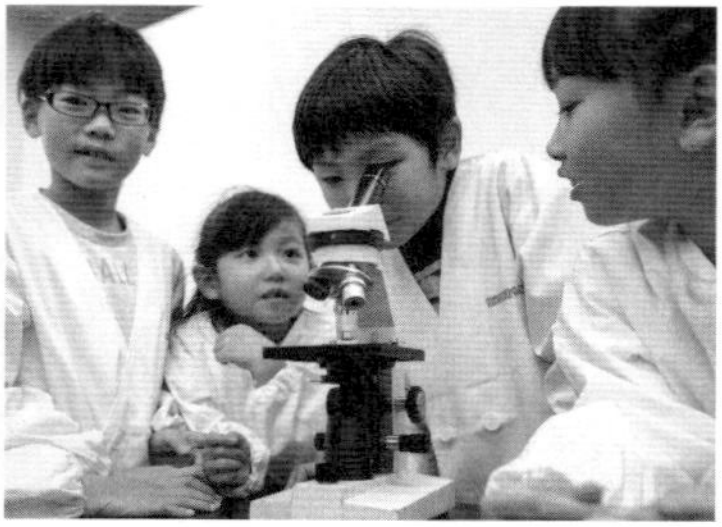

（左）学ぶ楽しさを教えるために、先生一人ひとりが「楽しい授業」を心がける。（右）習い事のカリキュラムも充実。写真は「サイエンスラボ」の実験風景

そこで小南が真っ先に取り組んだのが、年間休日を増やしたことと、会議の拘束時間の大幅削減など、社員のワークライフバランスの改善だ。

そのうえで、希望の職場へ異動できるジョブポスティング制度や、他部署の業務を「副業」として担える企業内副業制度を導入し、誰でも「やりたい」と思える仕事に自由にアクセスできるようにした。社内ネット上には今も、地域活動、ＤＸ、人事など多種多様な社内求人情報が飛び交っている。

情報の透明化とコミュニケーションの活性化も進めた。経営にまつわる数字の開示はもちろん、経営会議で幹部が話し合った内容から、保護者から寄せられたご指摘やその解決まで、全社員に共有されており、そのすべてに自分の視点から発想したアイデアを自由に出すことができる。

生徒の成長を促す幅広い事業があり、自分の成長を促す多くのチャンスがある。これらの環境を生かして、あらゆる社員がmust（すべき）から、can（できる）、will（やりたい）へと志《こころざし》

を高め、成長し続ける組織にしたいと小南は語る。

「誰しもキャリアをスタートしたばかりの時は、目の前にすべきことばかりがズラリと並んだ状態です。苦手なことや嫌なこともあるかもしれない。でも、これらを地道にこなしていくことでできることが増え、どんどん人の役に立てるようになる。その先に、本当にやりたいことが見えてくると、仕事は本当に楽しくなります。自らリーダーとなって突き進んで欲しいし、事業化しようというなら、会社も全力で応援します」

社長は経営幹部を大切にし、経営幹部は社員を大切にし、社員は非常勤などのスタッフを大切にし、スタッフは生徒、保護者を大切にする。このスパイラルを大きくしていくことで、良い塾や予備校、良い地域、良い社会へとつなげていく。

株式会社アップ
〒663-8204
兵庫県西宮市高松町4-8
プレラにしのみや2階
☎0798-64-8100
https://up-edu.com/
設　立●1977年10月
（創立1976年）
資本金●1億円
従業員数●2474名
（2024年4月）
売上高●94億1976万円
（2024年3月期）
事業内容●幼児から社会人まで幅広い年齢層に向けた総合教育サービス

カーコンビニ倶楽部

自動車修理・車検・カーリースを3本柱にFC事業を展開 ブランド力と仕組みづくりで「加盟店支援」を強力に推進

代表取締役社長 林 成治

キズ直し、鈑金、塗装修理など自動車の軽鈑金補修を中心に、車検やカーリースなどの自動車アフターマーケット領域でFC事業を展開。テレビCMを通じた圧倒的なブランド認知と、マーケティング力を生かした新規顧客・リピーターの獲得支援や、技術・接客スキルの教育体制などを強みに、業界の底上げと加盟店の生産性向上のため〝一所懸命〟に力を注ぐ。

「自動車をぶつけて、傷や凹《へこ》みができてしまった。さて、どこに修理に持っていこうか」と迷った時、一般消費者にとって鈑金《ばんきん》工場はかなり敷居が高い存在だった。日常的な接点がほぼなく、どの会社なら安心なのか、いくら修理にかかるか想像がつかないからだ。

それは鈑金工場にとって、新規の顧客獲得が難しいという現実をも意味する。その見えない壁に風穴を空け、ユーザーと業界との距離を一気に近づけたのがカーコンビニ倶楽部だ。

事業の開始は２０００年。当初からテレビＣＭに積極的に資金を投下し、有名タレントを登用。「へこんだらカーコン♪カーコンビニ倶楽部♫」のメロディとともに、瞬《またた》く間に知名度は高まっていった。

一方、鈑金工場や整備工場などを経営する企業にとって、大型の新規投資が不要で、「本業と並行して、相乗を図りながら」事業を始められることや、ユーザーとの直接取引によって利益率アップを図れることは大きな魅力で、ＦＣ加盟店は順調に全国に拡大した。

しかし過度な広告投資が仇となり、やがて業績は低迷。金融機関の資本下で再建を図ることになる。

個人で競争入札に名乗りを上げ、全株式を取得

現・社長の林成治は、この間10カ月だけ同社の経営に携わったことがある。しかし、大胆に改革を進めたことが逆に反感を買い、ある日突然解任。その後、同社が売却され

わが社はこれで勝負!

1000店超

「カーコンビニ倶楽部」店舗外観（スーパーショップ 郡山店）

カーコンビニ倶楽部はすべてFC展開で、現在約400社が加盟。全国47県すべてに出店し、トータルで1000店舗を超える。自動車の鈑金・整備を手がける企業の加盟が中心だが、近年はガソリンスタンドの参加も拡大中だ。自社で修理をする通常のFC店のほかに、取次代行店としての「サテライト契約」もある。

ることになって「個人として」競争入札に名乗りを上げた。

「改革を一緒に進めてくれた仲間たちがクビになる怖れがあったこと、加盟店の方々に『また戻ってきてほしい』と声をかけていただいたのが、決断の理由です」。周りからはあまりにも無謀だといわれたというが、強力な援軍を得て、いくつものドラマチックなストーリーを経た後に、同社の全株式を取得。今度はオーナー経営者として、事業の再構築を進めていった。

「ブランド認知が抜群だったこと、真摯《しんし》に事業に取り組んでいた加盟店がいくつもあったことなどから、必ずV字回復はできると信じていた」と、林は何よりもサービス品質の向上に取り組んだ。その時に、非常に大きな効力を発揮した「魔法の言葉」があったという。

それは「お客さまが帰られる際に、『お友達をご紹介してください』と必ず一言かけること。その言葉をかけるためには、お客さまの入店時からのすべての立ち振る舞いを、お願いできるだけのレベルに上げていく必要があります。ここでガラっと接客態度が変わりました」

もう一つ大きな注力テーマが「圧倒的な整備士不足」への対応だった。「求人倍率は常に4~5倍と、あらゆる業種のなかでも整備士の採用は厳しい水準にあります。この問題を解決しないと業界に未来はないと、すぐに実習生制度を導入しました」

タイで日本語学校を設立し、現地の国立の整備専門学校と業務提携を行い、「日本語が話せてプロの整備ができる」人材を育成。これまでに300名以上が国内の加盟店で働いている。

(注1) 一般財団法人 自動車検査登録情報協会「自動車保有台数の推移」を参照
(注2) 日本自動車整備振興会連合会「令和5年度 自動車特定整備業実態調査結果の概要」を参照

PROFILE

林 成治
はやし せいじ

1958年、北海道出身。青山学院大学経営学部卒。1981年プロミス（現・SMBCコンシューマーファイナンス）入社。三井住友銀行でカードローン事業立ち上げ、プロミス執行役員などを経て、2011年1月カーコンビニ倶楽部の全株式を取得して代表取締役に就任。

経営者としての歩みを振り返る時、林は「自分のこれまでの人生のすべては、今の仕事のためであり、何十年も前から決まっていたことのような気がする」と幾度となく語る。

その使命感とは、業界を活性化し、加盟店一つひとつの成長を支援し、働く人たちの社会的評価を高めていくことだ。「それは、社会にとってなくてはならない業界であり人材であることを、ずっと肌身に感じてきたからです」

人手不足に対応した〝生産性の向上〟を次なるテーマに

２０２４年の国内の自家用乗用車保有台数（注1）は、バブル期のほぼ２倍で、この10年間は６０００万台強で横ばい。法定点検があるため整備件数も安定して推移しており、総整備売上高（注2）も微増傾向にある。マーケットとしては非常に堅調だ。

一方、求人難は深刻で、現場の高齢化も進み、後継難に悩む企業も多い。給料も高いとはいえない水準が続く。

しかしこの大きなギャップこそが、加盟各店の伸びしろとも

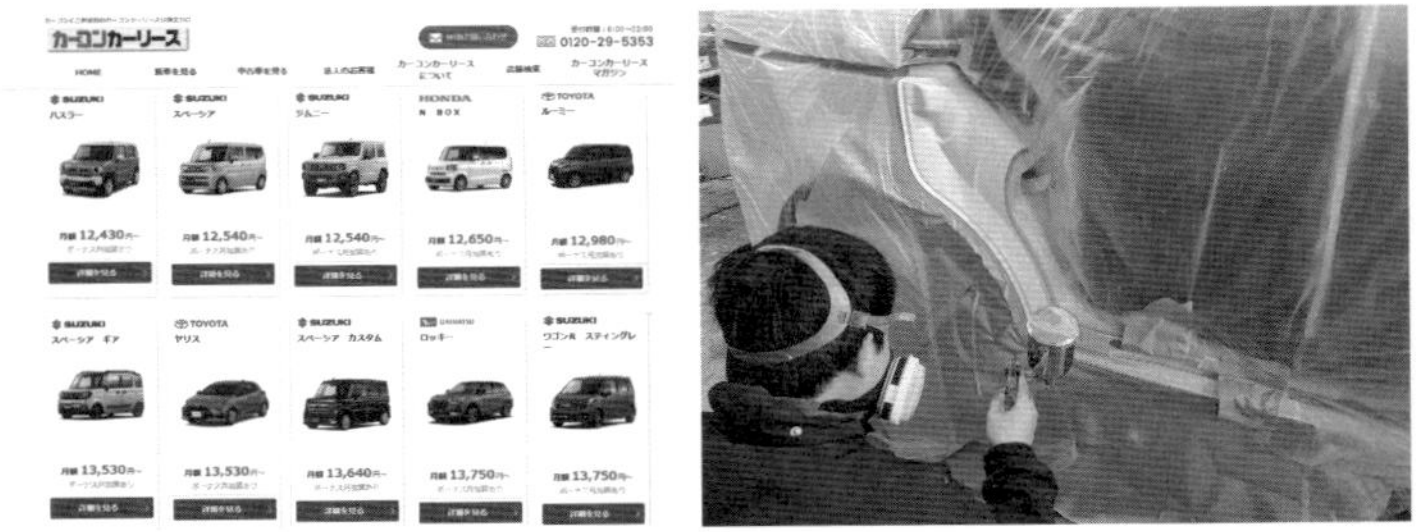

（左）頭金0円・月々定額で好きな車に新車で乗れる「カーコンカーリース」。（右）キズ・ヘコミ直しから、塗装、鈑金まで幅広く対応

いえるだろう。時代のニーズに合わせた事業戦略や人材投資によって市場シェアの拡大が可能になるからだ。

同社はこれまでの軽鈑金補修を起点に、車検（カーコン車検）やカーリース（カーコンカーリース）など「トータルサービス」の拡充に力を入れてきた。

「車検は顧客接点の増加のため、カーリースはその後のアフターマーケット全体を取り込む手段として効果が大きい。私たちは専用のコールセンターを設置したり、資金負担を減らすための仕入れ代行の仕組みをつくるなど、加盟店の方々が取り組みやすい環境を整えてきました」

さらに直近で強化しているのが人手不足・ノウハウ不足に対応する生産性向上の仕組みづくりだ。例えばＬＩＮＥを活用した自動＆個別情報配信システム「Choku!」は、スタッフに代わって自動でコミュニケーションを図り、顧客の所有する自動車のメンテナンスや車検、買い替え時期のタイミングなどを案内してくれるもの。機会損失を防ぎ、新たな事業創出につながることが期待されている。
実際のところ、安定して仕事があるがゆえに、業界全体における危機感はまだまだ低いのが現状だ。しかし仕事があっても、担い手がいなければ永続性はない。人材の採用・教育・待遇の向上をどう図っていくかが、今後の最大の命題であり、組織力・資本力が問われる時代になってきている。同社のFCも、ガソリンスタンドなどを運営する中堅・大手企業の参加が増えているといい、業界の再編も着実に進んでいくだろう。
そのなかで自動車アフターマーケット業界は、今後どんな変貌を遂げていくか。志《こころざし》を同じくする仲間を増やしながら、より魅力的な業界へと進化させていくことが同社にとっての念願であり、林はそのたぎる思いを〝一所懸命〟という言葉で表現する。

カーコンビニ倶楽部株式会社

〒108-0075
東京都港区港南2-11-19
大滝ビル
☎03-5782-2501
https://www.carcon.co.jp/

設　立●2007年2月
（創立2000年）

資本金●9000万円

従業員数●100名

売上高●42億円
（2024年3月期）

事業内容●自動車向けトータルアフターサービスを提供する「カーコンビニ倶楽部」及び「カーコン車検」加盟企業による全国FC事業の企画・開発・運営・経営支援

交通電業社

鉄道車両の表示器を起点に交通インフラの進化をサポート 老舗としての信頼と一貫体制を強みに世界で戦える企業へ

代表取締役社長 相薗 岳生

方向幕からLEDへ、そして高機能LCD（液晶ディスプレイ）へ。装置メーカーから、交通機関のDXを支えるシステムインテグレーターへ。長期にわたって安全・安心を届ける老舗としての信頼と、時代の先を見据えたアグレッシブな挑戦の両輪で、近年は大幅に業容を拡大。海外のサプライチェーン構築にも乗り出し、グローバルで勝ち残る企業を目指している。

東京浅草と日光・鬼怒川方面を結ぶ、東武鉄道のフラッグシップ特急「スペーシアX」。伝統と革新の融合をコンセプトにデザインされた、美しいフォルムや内装が印象的だが、そのなかでも注目を集める仕様の一つが、乗車口に設置された行先表示器だ。

ここでは、一般的なLEDではなくLCD表示器を採用しており、見やすく美しく、同時に表示できる情報量が格段に増えた。行先表示は日本語・英語・中国語・ハングルと4カ国語、途中

（注1）特殊な樹脂材を用いて液晶をガラスに貼合し一体化する技術

の停車駅や座席種類も一つの画面に映し出される。さらに「スペーシアX」のロゴを用いた流麗な映像演出もあり、乗降客が思わず立ち止まり見入ってしまうほどだ。

　このLCD表示器「彩Vision」を開発したのが、大阪市に本社を構え創業78年の歴史を持つ交通電業社だ。

「従来のLCD機器は、太陽光線の乱反射による視認性の低下や、直射日光による温度上昇などの問題があって、車外での使用には不向きでした。そこで私たちは独自のボンディング技術（注1）を用いて、機能性・デザイン性を大幅に高めた機器の開発に成功したのです」と、社長の相薗岳生は製品の特徴とともに今後の伸びしろについて説明する。

「これまでに京阪電鉄のプレミアムカーでも採用されていますが、情報をきめ細かく提供できて、お客さまのサービス向上にもつながることから、近年引き合いが大幅に増えています。本格的な供給体制も整って、『彩Vision』をご覧いただける路線が今後は一気に広がる予定です」

わが社はこれで勝負！

国内4万台　海外1万台

大阪メトロ御堂筋線の車内案内表示器

鉄道・バスなど公共交通機関向けの表示装置製造が事業の中心で、方向幕、LED、LCDなど時代の進化に合わせた製品を手がけてきた。車両の前面や側面の行先表示器、あるいは車内の案内表示器など誰もが日ごろ目にするものばかり。累計での納品実績は国内4万台、海外1万台で、今後はより海外比率を高めていく。

技術力や財務などの強みを生かしつつ、将来に向けた意識改革に注力

行先表示板といえば、かつては方向幕の時代。電車が終着駅に着いた後、新たな行き先を表示するために、幕がクルクルと回るのを見た記憶がある人は多いのではないだろうか。

その後、LEDが中心の時代に変わり、全国に数多くあった表示機器メーカーはわずか3社にまで激減した。そのなかで同社は、電子系の技術者の採用を強化して新たな技術開発に取り組むなど、大きな変化の時期を乗り越え、関西を地盤に存在感を高めていった。

以降、鉄道やバス事業者向けの表示器や関連機器の製造販売を中心に、安定した業績を長く保っていたが、創業家が2020年に投資ファンドに株式を売却。その際に、事業のさらなる成長を期待されて相薗岳生が招聘《しょうへい》された。

「いいモノをつくろうというこだわりが強い。営業も技術も熟練の社員がいた。財務体質も良かった。そういった魅力を持っていた半面、数名の町工場がそのまま大きくなったような、組織も仕組みも何もない会社だった。まずは何よりも意識改革を進めようと、社員一人ひとりと徹底的に語り合い、経営情報の開示も積極的に行いました」

相薗は日立製作所時代、自動車のデジタル化の進展を直《じか》に経験しており、「鉄道業界でも同じことが起きる。オープン化の進展で業界を超えた競争が生まれ、海外勢もやがて参入して来る。

PROFILE

相薗 岳生
あいぞの たけいき

1967年、福岡県出身。大阪大学大学院修了。日立製作所に入社し、鉄道システムの研究開発、車載機器の企画開発などに携わる。2007年から複数の国内メーカーで代表や役員を歴任。2020年2月に交通電業社入社。同年4月代表取締役社長就任。

今のままの形で生き残ることは考えられない」と変わることの必然性を繰り返し説いた。「まずは社員100名、売上高20億円を安定的に可能とする体質づくり」が第一の目標だった。

さらなる成長に向けた優位性を聞くと、まずは老舗としての信頼が挙がった。「鉄道車両の寿命はおよそ50年。私たちの機器も20〜30年は使用され、その間の製品の品質を担保し、長期にわたるサポートが求められるからです」。そのためにも同社は、ハードからソフトまで、設計・開発から製造、サポートまで、全工程を社内で完結できる体制にこだわった。

一方、取引の大多数が鉄道会社との直接契約であることが財務力の強さの源泉となり、創業時から受け継がれてきた品質・サービスへのこだわりは、顧客からの支持の厚さにつながっている。「納入後も担当が足しげく訪れ、常にお困りごとや改良点をお聞きしています。ちょっとした仕様変更にも柔軟に対応しますし、アフターサービスを含めたトータルコストへの意識が強いのも私たちならではの特徴といえるでしょう」

（左）東武特急「スペーシアX」に搭載されている次世代型案内表示器「彩ビジョン」。（右）大阪市平野区にある本社工場外観

トータルインテグレーション力で海外勢と勝負

相薗の社長就任後の事業面におけるテーマは、国内の販路拡大、海外事業強化、DXニーズへの対応、の大きく3つ。

国内の営業エリアは、本社のある関西エリアを基盤に東京、九州などへと急速に拡大しており、冒頭の「スペーシアX」はまさにその代表例だ。また、「鉄道以上にデジタル化が遅れている」船舶関連への新規参入も順調に進んでいるという。

海外展開においては北米とアジアを注力マーケットに置き、現地生産の体制づくりなど、グローバルでのサプライチェーンも構築中だ。現在15パーセントほどの海外売上高を、40パーセントまで引き上げることを当面の目標に置いている。

DXは、人材不足に悩む鉄道会社の省人化や、将来的な無人運転などに対応するものだ。

「ワンマン運転や無人運転が普及すると、地上の指令室と乗客との情報のやりとりがさらに重要になります。キーワードは、

（注2）映像や音声などのコンテンツの通信をIPネットワーク経由に置き換えること

サービスと安全性の向上。現在はまだバラバラになっている、表示・非常通報・放送・カメラの４つの情報系システムを集約してＩＰ化(注2)を図っていきます」

これらの取り組みは、「まずは海外から」が同社の方針だ。「機器単体の勝負では、価格競争力が高い海外勢には太刀打ちできなくなっていくでしょう。しかしシステムの設計力・運用力では、日本に〝一日《いちじつ》の長〟があります。海外市場ではトータルインテグレーションの能力が強く求められており、私たちのビジョンと合致します。まずは、ここで早期にその総合力を磨き、日本市場に海外メーカーが参入してきても堂々と迎え撃てるような力を付けたいと考えています」

相薗の社長就任以降、積極的に撒《ま》いてきたビジネスの種は着実に花となり実となって、第一の目標に掲げた「売上高20億円」は、早くも２０２５年度の実現を見込んでいる。

株式会社交通電業社

〒547-0034
大阪市平野区背戸口2-1-3
☎06-6701-0111
https://www.parasign.co.jp/

設　立●1949年3月
（創業1947年）

資本金●1000万円

従業員数●47名

売上高●8億2000万円
（2024年2月期）

事業内容●鉄道・バス車両など公共交通機関向けの表示装置・安全装置・通信装置などの企画、設計、製造

エスコ

建物の環境性能の向上と省エネ・省コスト化を主導
高い専門性と提案力で、企業・行政からの支持を拡大

代表取締役 安西 裕

省エネ化とコスト削減の実績は2万5000社以上。省エネ対策のコンサルティングから、補助金申請、施工、保守・管理までをワンストップで請け負い、業界の第一人者として市場をリードしてきたエスコだが、今の躍進ぶりはもはや〝省エネ事業者〟という言葉では測れない。「世界中の『負と不』が『プラス』に変わる」、そのすべてがこれからの事業領域だ。

環境省「CO2削減ポテンシャル診断事業」、経済産業省「省エネクイック診断」の登録診断機関として計250件以上。東京都「省エネコンサルティング事業」の省エネ対策サポート事業者としても150件以上の実績があり、省エネの取り組みを診断・評価する側の顔も持つ。

実はエスコを頼りにしているのは企業だけではない。行政や自治体にとっても、環境対策の推進役として欠かせない存在になっているのだ。

かつて企業の省エネ対策といえば、経費削減手法の一つにほかならなかった。しかし、近年はSDGsの考え方が広く浸透し、持続可能な社会に向けた環境問題への対応策としての意味合いが増加。CASBEE（建築環境総合性能評価システム）やLEED（グリーンビルディング認証システム）、ZEH（ネット・ゼロ・エネルギー・ハウス）などの認証や評価システムの存在感が高まり、省エネはより専門的で高度なアプローチが必要になってきた。プロフェッショナルとしての知見が期待される場面が増えている。

ジャパン・レジリエンス・アワード4年連続受賞

2004年1月、電気事業法施行規則の改正によって指定法人制度が廃止され、一定の要件を満たす民間法人が「高圧受変電設備（キュービクル）の保安管理業務」に参入できるようになった。創業者は「これは大きなチャンスになる」と考え、翌年8月に同社を設立した。

わが社はこれで勝負! 2万5000社超

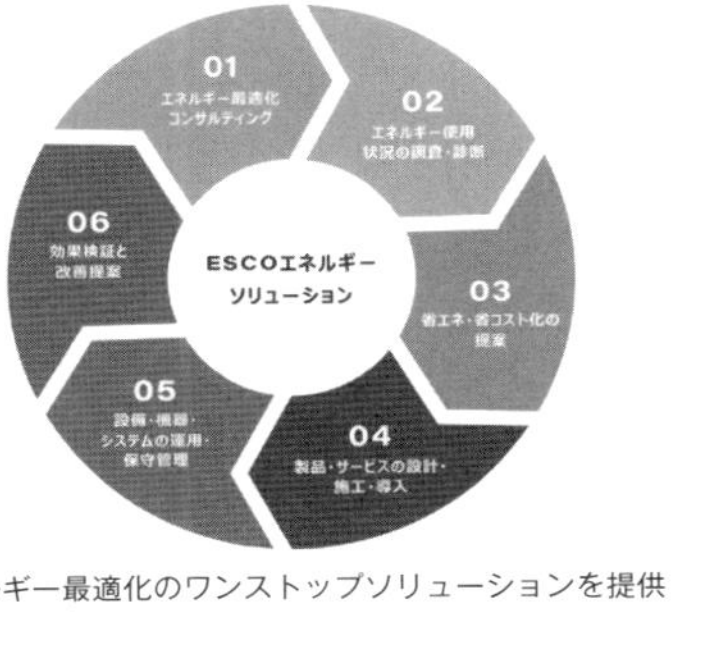

エネルギー最適化のワンストップソリューションを提供

これまでの取引社数は2万5000超。売上げの約半数がマンション向けの事業で、4万7800件の導入実績を誇る。4600件に上るキュービクルの保安点検事業は創業時から変わらず業績の下支えとなり、感震ブレーカー2万件以上、補助金コンサルティング実績約1150件など、いくつもの柱があるのが大きな強みだ。

この年、独自の電子ブレーカーも開発し、キュービクルの保安管理業務との両輪で、同社の業績は急速に拡大していった。「電子ブレーカーとは、実際の電流値と時間から必要最低限な電流量を計測することで、基本料金の削減を可能とするものです。平均50パーセントもの削減効果があったことから爆発的にヒットしました」と、現・社長の安西裕は当時を振り返る。

当初はガソリンスタンドや整備工場向けの事業が主力だったが、やがて分譲マンション向けにも展開。共用部を中心とした設備周《まわ》りへとサービスの幅を広げていった。

「電気保安法人としての認可、一級建築士事務所としての登録、特定建設業許可を取得するなど、できることをコツコツと増やしていきました。現在は、内外装・バリアフリーなどの建築工事から、空調・照明・受変電設備などの設備のメンテナンスや更新作業、非常用発電などの災害対応や、防犯カメラ、太陽光発電システムの導入、補助金申請、CO2削減コンサルティングまで、あらゆる要望に対応できる体制を整えています」

なかでも独創性を持ったLED照明と感震ブレーカーは、その後の成長に大きく貢献したという。現場を熟知した同社だからこそ実現できた省エネ型LED照明は絶大な支持を得て、感震ブレーカーは建物全体の安全・安心を訴求することで、2万件以上のマンションに導入された。さらに感震ブレーカーを通じた分譲マンションの課題解決の取り組みが評価され、「ジャパン・レジリエンス・アワード（強靭化大賞）[注1]」を2021年から4年連続で受賞している。

（注1）一般社団法人レジリエンスジャパン推進協議会による、強靭な国づくり、地域づくり、人づくり、産業づくりに取り組んでいる先進的な企業・団体を評価、表彰する制度

PROFILE

安西 裕
あんざい ゆたか

1974年、千葉県出身。明治大学卒。13年間のリクルート勤務を経て、2011年エスコ入社。取締役、専務取締役などを歴任後、2016年9月代表取締役社長に就任。2012年にMBA取得。

「世界中の負と不をプラスに」。理念を軸に事業を拡大

２０２４年決算まで、同社の業績は7年連続して増収増益を続けている。それは「省エネコンサルティング」という言葉が持つ、負のイメージからの脱却の歩みでもあった。

リクルートから転身してきた安西が当時気づいたのは、「こういう業界だからこそ、当たり前のことを当たり前に行えばチャンスは大きい」ということ。お客さまの声に耳を傾け、困りごとにしっかり向き合う。あるものを売るのではなく、必要としているものを提供する。その際には、いくつもの選択肢を用意して「相手に選んでいただく」ということも心がけた。

前記したＬＥＤ照明や防犯カメラなど、メーカーとコラボしたオリジナル商品も次々に開発し、独立系企業だからこそ可能な、「顧客ニーズに合わせて商品や製品を自由に提案できる」という利点も積極的に生かしていった。

さらにコールセンターを設置し、きめ細かなバックアップ体

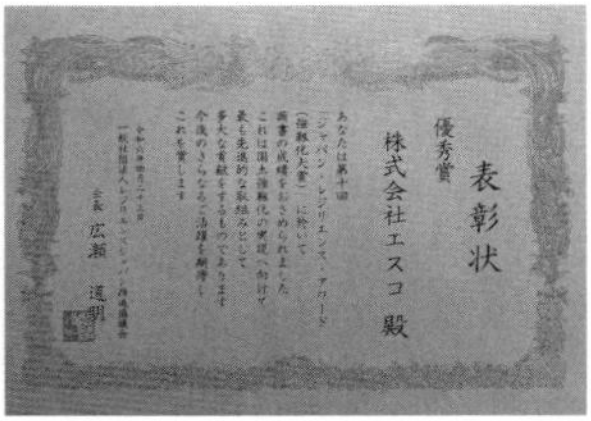

（左）マンションの共用部を中心に、幅広い事業を展開する。
（右）「ジャパン・レジリエンス・アワード（強靭化大賞）」を2021年から4年連続で受賞

制を整備。「全国の管理会社５００社、支店を含めると１２００近い企業と取引がある」という広範なネットワークを構築した。大企業だけではなく、中堅・中小企業までしっかりと対応する間口の広さも同社らしい特徴だ。

これらの愚直な積み重ねが評価され、紹介はもちろんＷｅｂからの問い合わせも加速度的に増えているという。次期の決算では、初の売上高１００億円突破も視界に入った。

このような同社の事業の基盤となる考え方が「世界中の『負と不』が『プラス』に変わる」というビジョンだ。「これは２０２０年に、今の経営幹部が半年くらい意見を戦わせて決めたものです。会社の歴史や将来ありたい姿、どのような社会を実現したいかなどを徹底して話し合いました」

「負」はマイナスを意味し、「不」は不安・不満などのネガティブな感情を指す。それを取り除くだけではなく「プラス」に転換させていこうというのがポイントだ。「業界の負のイメージの脱却」も、まさにその体現の一つだろう。

新たに着手した事業の一つに、人材派遣業がある。周りから見れば畑違い以外の何ものでもないが、同社にとってはビジョンに即したもの。人材不足に悩む介護・保育業界に特化することで、現場の「負と不」をプラスに変える取り組みだからだ。ほかにも、新たな価値を提唱するいくつもの構想が進んでいるという。

「このビジョンが網羅する範囲は非常に広く、さまざまな可能性が考えられます。もちろん、グローバルでのチャレンジもその一つです。幸い社内における意識の浸透は進んでおり、『こんなことをしてみたい』という意欲を聞く機会も増えました。私たちは、その思いをしっかり受け止めていける会社でいられるように。そして一人ひとりが成功体験を積んで、成長を実感できるような環境づくりに、これからもこだわっていきたいと考えています」

株式会社エスコ

〒169-0074
東京都新宿区北新宿2-21-1
新宿フロントタワー12階
☎03-5332-3388
https://www.esco-co.jp

設　立●2015年11月
（創業2005年）

資本金●1億円

従業員数●250名

売上高●81億5000万円
（2024年6月期）

事業内容●省エネ、コスト削減、CO2削減システムの導入コンサルティング

JPリサーチ&コンサルティング

事業の多様化・国際化にともなうビジネスリスクを可視化 戦略的な〝インテリジェンス〟で企業価値向上を支援

代表取締役 古野 啓介

企業が直面する多様なリスクに対して「戦略的な情報収集」と「情報の有効活用」の両面からビジネスをサポート。国内では稀《まれ》な〝日系インテリジェンスファーム〟として、企業からの信頼は厚い。特に近年はグローバルなM&Aの加速によって、地政学的にも経営に多大なインパクトを与え得るリスクが一段と増加。期待される役割はより大きくなっている。

デューデリジェンス(注1)というと、会社の業績や見通し、資産価値などの〝経営数字〟に目が行きがちだが、それらと同等かそれ以上に意味を持つのが、リスク面からのアプローチだ。

例えば、企業の合併や買収(M&A)、資本業務提携あるいは海外進出の際の合弁会社の設立時に、相手先企業の内部に大きな瑕疵《かし》(法令違反の事実など)があれば、これらの契約は無に帰するだけでなく、本体の経営にも大きなダメージを与えかねないからだ。

(注1) 投資や買収を行う前に、対象となる企業や事業について調査・分析するプロセス

これらのリスクを予見・対策するために、社名の通り、リサーチとコンサルティングの両面から企業の経営戦略を支援するのが、ＪＰリサーチ＆コンサルティングだ。

「マクロ視点でのリスクアセスメントはもちろん、買収対象の不祥事や各種不正、民事訴訟や労使間トラブル、内部派閥抗争、株主の実態や実質的支配関係のほか、違法行為や不適切な人脈の有無などまで、あらゆる角度からリスクの端緒を探っていきます」。そう語るのは、２００９年に同社を立ち上げた古野啓介だ。「実は〝企業風土〟も見逃せないキーワードです。ガバナンスの体制が脆弱だったり、労使関係が不健全で現場への過度なプレッシャーがある場合なども、不正が生まれやすい土壌になるからです」

豊富な実績と知見が第一人者としての評価を高める

企業から寄せられる依頼の目的は、まさに多種多様だ。前記した以外にも、社内不正発生時の調査委員会補助、多

わが社はこれで勝負!

年間700件超

日系インテリジェンスファームの先駆者として市場をリード

2009年の設立以来、JPリサーチ&コンサルティングが受託した案件は8000件超。取引企業者数は1227社に上り、近年はコンスタントに年間700件以上の依頼を受けている。特に最近は、海外進出・海外M&A・海外資本の受け入れなど海外案件が急速に増え、同社の対応エリアも35カ国に広がっている。

様なアクティビスト(注2)への対策、役員招聘《しょうへい》や要職者のセキュリティクリアランス、さらに近年はサプライチェーンにおける人権課題への対応、経済安全保障も重要なテーマだ。また、明確なコンプライアンス問題だけではなく、レピュテーションリスク(注3)も持続可能な経営への影響が大きくなっているという。

これらの課題は、企業それぞれに前提が違い、求められるものが変わる。まさに企業数だけ対策の種類があるといっていいだろう。同社がこれまでに請け負ってきた調査は8000件超。その豊富な実績と知見、対応力の幅の広さが、第一人者としての評価の基盤にある。

「これまでかかわってきた案件においても、海外の出資予定先の幹部が〝制裁対象との距離が近い〟ことが判明したケースや、国内の買収予定先に一般的なデューデリジェンスでは把握しきれないトラブルや訴訟の実態が判明し、簿外の財務インパクトとして確認されたりなど、投資実行に〝待った〟がかかることになった事例はいくつもあります」と古野は言う。

一方、調査を進めるためのソースも非常に奥深い。一般的には馴染みのない国内外のさまざまなデータベースや情報収集ツール、さらに海外の情報機関でテロ対策としても用いられるようなWeb Intelligenceツールを活用した分析もある。

〝フィジカルな〟調査活動も大きな強みだ。調査対象の関係各所の現地へ赴《おもむ》き、その嗅覚によってリスクの端緒を探ったり、人的な情報源から一般では知り得ない情報を入手したりして、これ

(注2) 株主としての権利を積極的に行使して、企業に影響力を及ぼそうとする投資家。「モノ言う株主」ともいわれる

(注3) 風評などにより企業の評判が下がるリスク

PROFILE

古野 啓介
ふるの けいすけ

1975年、福岡県出身。2000年から調査業界で企業の各種紛争事案や不正案件に携わる。2009年3月、日系インテリジェンスファームの礎を築くことを目的にJPリサーチ&コンサルティングを設立、代表取締役就任。

らを多角的に組み合わせ、リスクを洗い出していく。
「調査・分析のみならず、情報を活用したコンサルティングまでを含めた一連のすべてに、インテリジェンスが必要と考えています」。そう語る古野の調査業界でのキャリアは、2000年まで遡る。

企業の不正調査にかかわるなかで、「問題が起きる前にリスクを予見できれば被害はもっと小さくすんだはず」「デューデリジェンスに、なぜ日系の調査会社が呼ばれないのか」などと違和感を覚えるようになり、事業を立ち上げた。

とはいえ、「日系企業にもインテリジェンスを担う力を持った会社がある」という認識はなかなか広がらず、同社はM&Aの基本合意前に重大なリスクを把握する〝プレ・デューデリジェンス〟の提供を起点に、市場の立ち上げから奮闘。

その後、暴力団排除条例の施行や、2014年の会社法改正を契機に、コンプライアンス意識の醸成、ステークホルダーへの説明責任、取締役の善管注意義務(注4)などがより厳しく問われる

 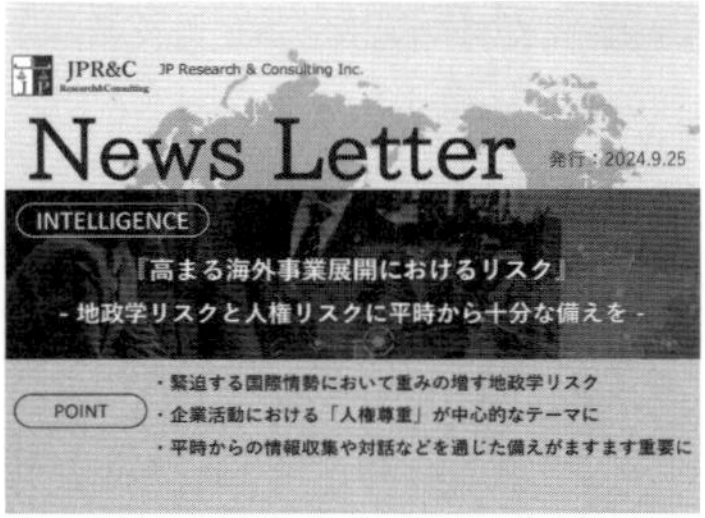

リスクマネジメントに特化したリサーチ＆コンサルティングファームとして、企業の経営戦略立案やリスクマネジメントに役立つニュースレターや、アナリストレポートも定期的に発行している

ようになり、徐々に注目度が高まっていった。

近年もグローバルな資本提携やM&Aなどの急速な拡大から、同社を取り巻く環境は追い風が続いている。

企業の健全化を通じて市場の健全化に寄与する

「世界中に張り巡らせたパートナーの存在や、中央官庁、金融機関、シンクタンク、記者、専門コンサルティングファーム、各種調査会社、エンジニアなど、さまざまな業界出身者が集まることで得られる多面的な情報分析力と、一人ひとりの仕事に取り組む姿勢の真摯さ丁寧さ、そしてチーム力の高さが、私たちの強みとなっています」と古野は組織の特徴を説明する。

「ご相談を受けたあと、調査設計や調査方針について社内で擦《す》り合わせるのですが、その際に〝お客さまが真に求めているもの（本当に必要な情報）は何か〟から、喧々諤々《けんけんがくがく》と議論するんです。事前調査なども踏まえ、非常に密に内容を詰めていく。この企業文化はとても大きな財産です」

（注4）会社との関係で善良な管理者の注意義務を負うこと。自ら違反しただけではなく、見逃した場合でも大きな責任を負う。今後さらに重要視され、多額の賠償金を請求される可能性も出てくる

調査報告書は企業ごとのニーズに合わせたテーラーメイド。エビデンスもしっかり付けている。そして、これらの書面をもとに「お客さまの懸念と事実との照合、今後の対策など」をクライアントと徹底的にディスカッションする。そのコンサルティング力が、単なるリサーチ会社ではない、同社の真価が発揮される最大の強みだ。

「私たちは創業以来、日系インテリジェンスファームの歴史をつくること、国内においてインテリジェンスの新たな市場と地位を確立すること、を目的に事業を展開してきました。企業が永続していくために不可欠な課題を、私たちはリスク面から解決し、サポートしていきます。そして、一つひとつの企業の健全化を実現することで、マーケットや社会全体の健全化にも貢献できる。そんな組織でありたいと思っています」

株式会社
JPリサーチ&コンサルティング

〒105-0001
東京都港区虎ノ門3-7-12
虎ノ門アネックス6階
☎03-6459-0353
https://www.jp-rc.jp/

設　立●2009年3月

資本金●1000万円

従業員数●33名

事業内容●企業のビジネスリスク解決に向けて、調査・分析とコンサルティングの両面からサポート

アップセルテクノロジィーズ

代表取締役会長CEO 高橋 良太

日々の電話のやりとりも、すべてが未来への研究開発
圧倒的な〝音声データ〟の蓄積を強みにAI事業を加速

８２００社を超える実績に裏打ちされたインサイドセールス事業の知見と、毎年６０００万件以上積み上がる音声データ。これらの莫大な資産を武器に、アップセルテクノロジィーズは今、飛躍的な進化を遂げようとしている。ＡＩがオペレータ機能を担い、表情や人格を持つ時代へ。「世界中の声をＡＩで科学する」をミッションに、唯一無二のサービスを創出する。

商品やサービスについて詳しい説明がほしい、あるいは購入後に気になった点を確かめたいと「お問い合わせ先」に電話してみたものの、延々と案内音声の繰り返し。「何度かけ直してもつながらない」と、イライラさせられた経験を持つ人は多いだろう。

お客さま満足度を向上させるためのサービスが、逆に企業のイメージを悪くしてしまう。「あふれ呼」「放棄呼」などと称されるこの問題は、長年にわたり業界の大きな悩みだった。

しかしアップセルテクノロジィーズが2025年に発表した「miraio（ミライオ）」が、この状況を一変させてくれそうだ。「このサービスは、AIがコールセンターやヘルプデスクなどのオペレータ機能を担うもので、深夜や休日に電話を受けたり、1次対応を『miraio』に任せることでシフトを円滑にできたりと、人手不足対策やサービス向上、コスト削減などに大きな効果が生まれます」と、同社の創業者であり現在代表取締役会長CEOを務める高橋良太はその特徴について説明する。

比較対象としてチャットボットが挙げられるが、事前作成したシナリオだけではなく、独自の〝脳〟によって、相手の発言に合わせた臨機応変な受け答えをしたり、共感表現をしたり、より信頼性の高い返答をするなど、限りなく人間に近い対応ができる点が大きな優位性となっている。

このような開発を可能にした同社の基盤は大きく二つ。「コールセンター業務はやがてAI化が不可欠となる」と

わが社はこれで勝負！ 6000万件

国内外合わせて21拠点でコールセンターを運営

インサイドセールスやコールセンター業務などで受電・架電する本数は年間6000万以上にもなり、この膨大なデータ数がAIサービスの基盤となる。フィリピンなどの海外拠点、地方創生の役割を果たすラボを国内各地に展開するほか、近年は積極的にM&Aを推進し、受け入れ態勢を大幅に拡大している。

予見し、早くから積極的な技術投資を続けてきたこと。そして、主力事業のコールセンター運営を通じて〝音声〟という固有のビッグデータを膨大に積み上げてきたことだ。

pluszero社との資本業務提携により、和製AIライセンス「PUT」が誕生

「現場での実際のやりとりは、この質問がきたらこう答えなさいという定型的なものだけではありません。『お客さまがイライラしていないか』『そろそろ購入を決めそうかな』などと、言葉のニュアンスをくみ取って、より最善の形に導く能力が問われます。当社には毎年6000万を超える通話データがあり、あらゆる展開が想定できるとともに、『お客さま満足度が高い』『成約率が高い』など優れたオペレータのスキルを学習させることもできるのです」

2023年6月には、pluszero社(注1)と資本業務提携を締結。人間同様に本質的な言葉の意味を理解する「AEI」(注2)と、「AIによるトークスクリプト自動生成」。それぞれの特許技術を組み合わせ、より実践的なAIサービス、和製AIライセンスが誕生した。その名も「PUT」だ。

日々のコールセンター業務がAIの精度を高め、それがまた現場にフィードバックされる。このリアルとデジタルの融合の形こそが、最大の優位性といえるだろう。

そんな同社の出発点は、高橋が大学4年生の時。友人に誘われて上場企業の代理店事業説明会に参加したことがきっかけだ。登壇した社長の情熱あふれるスピーチに感銘を覚え、「こんな大

(注1) 自然言語処理に強みを持つ、東証グロース上場企業
(注2) Artificial Elastic Intelligence。特定の限られた業務の範囲において、人間のようにタスクを遂行できるAI
(注3) 非対面(電話やメールなど)で顧客とコミュニケーションを図る内勤の営業活動

PROFILE

高橋 良太
たかはし りょうた

1981年、埼玉県出身。大学在学中にマンションの1室でアップセルテクノロジィーズを創業、代表取締役社長に就任。2023年、創業満20周年を迎え、代表取締役会長CEOに就任。米国・フィリピン現地法人のCEOを兼務。

人になりたい」と、すぐに会社を立ち上げたのだ。

代理店事業を数年続けた後、「よりオンリーワンを目指せる会社を模索して」コールセンター事業をスタート。すでに超大手企業が先行するマーケットであり、同社は中堅・中小企業向けのインサイドセールス（注3）に注力し、業績を伸ばしていった。

特徴はマーケティング分析、戦略立案からリスト作成、顧客獲得などまで、売上高・利益に直結する一気通貫型の営業代行ができること。アポイント・商談代行、常駐など幅広いニーズに対応しており、特に近年は、商品・サービスの本格導入前のテストマーケティングの依頼が増えているという。

もちろん一般的なコールセンター業務も幅広く請け負い、旅行業界向けBPOサービスも経営の安定を支えてきた。

「マーケット規模はコロナ禍で一気に増え、高齢化社会の進展を追い風に今後も堅調に伸びていくと考えられています。しかし、倍々ゲームで伸びる事業ではありません」。そう語る高橋が、現在注力しているのがM&Aによるシェアの拡大だ。

（左）「PUT」を起点に、「miraio」「virddy」など時代の先端を行くAIサービスが本格化する。（右）業務電話の一元管理ができるAI搭載型CTI「アップセルクラウド」

２０２４年４月にＥＣ業界に強みを持つスリーコール、同年12月には通販事業者に特化をしたコールセンター運営を行うダーウィンズのグループ入りを実現。国内18拠点、海外３拠点、総勢２０００名体制へと一気に規模を拡大した。

「アップセルクラウド」を起点に事業の裾野を拡大

これらの受託事業と並行して、企業の営業活動をクラウド上でサポートする取り組みも始まった。それが、業務電話の一元管理ができるＡＩ搭載型ＣＴＩ（注４）「アップセルクラウド」だ。「アップセルクラウド」を通じて営業電話をするだけで、個々の電話の稼働状況や業務分析などが即座にできるもの。テキスト化された通話データは、教育・研修にも用いられる。

「インサイドセールスのプロとして、さらに自らが利用者である視点がふんだんに盛り込まれ『使い勝手がいい』と導入実績は右肩上がりで伸びています」と高橋は笑顔を見せる。

「アップセルクラウド」は、同社の次世代技術を搭載するプラ

（注4）Computer Telephony Integration。電話やFAXとコンピューターシステムを統合するシステム
（注5）Virtual（仮想）+Buddy（相棒）。人の代わりとなる仮想の相棒という意味を持つ

ットフォームとしての役割も担う。「miraio」や、同時に発表された、表情や人格を持った和製デジタルヒューマン「virddy（ヴァディ）[注5]」などを「アップセルクラウド」上で走らせ、多様な情報や分析データと相乗させることで、より高い精度のサービスを生み出すことができるからだ。

一方、ここで積み重ねた知見を基に、「PUT」の名称でライセンス展開も進めていく予定だ。

「『世界中の声をＡＩで科学する』をミッションに掲げているように、電話を受けるのもかけるのも、私たちにとってすべては未来に向けた壮大な研究開発。その姿勢を『ラボ』という言葉で社内に共有しています。当社には、その理念に共鳴したメンバーが数多く集い、あらゆる領域のスペシャリストが活躍しているのが自慢です。その〝人財力〟の高さを生かして、これからもお客さま一人ひとりに寄り添う唯一無二のサービスをつくり上げていきたいと考えています」

アップセルテクノロジィーズ株式会社

（本部）
〒163-0231
東京都新宿区西新宿2-6-1
新宿住友ビル31階
☎03-5986-0777
https://upselltech-group.co.jp/

設　立●2004年1月（創業2003年）

資本金●14億3688万円（払込資本総額）

従業員数●約1830名（グループ計、契約スタッフ含む）

売上高●35億7400万円（2024年9月期）

事業内容●PUT事業（miraio・virddyの開発・提供）、和製AIオペレータ、和製デジタルヒューマン、AIライセンス事業、UPSELLCLOUD事業、インサイドセールス事業、トラベルエージェント事業

ペネトレイト・オブ・リミット

代表取締役　佐武 伸雄

最先端の自社開発技術と企業カルチャーにこだわり顧客ニーズに寄り添い〝世界に今ない選択肢〟を増やす

ＡＩチャットボットサービス「amie」とモバイル端末管理ツール「MobiControl」の両輪で、企業のＤＸ推進を強力にサポート。受託事業から自社サービスへ、さらに得意とするＡＩ領域・先端技術に経営資源を集中させることで、業績は順調に拡大。全員参加型の10年ビジョン「夢計画」や理念体系の共有にも力を入れ、志を同じくするカルチャーが育っている。

「マニュアルはあるものの、どこに欲しい情報があるかわからない」「そのため総務などの担当者に、たくさんの社員から繰り返し同じ質問が寄せられ膨大な事務コストがかかっている」など、どの企業でも起こりがちな、こんな悩みの解消に一役買ってくれているのが、ペネトレイト・オブ・リミットが提供する「amie（アミー）」だ。

これは独自開発したＡＩエンジンを用いて、企業の持つデジタルデータから最適な情報を抽出し、チャットボット形式で回答してくれるもの。
「同じチャットボットでも、ＦＡＱ形式と違い事前に想定問答をつくる必要がありません。企業が保有するドキュメントやＷｅｂサイトを登録するだけで、あとは自動でＡＩが学習し回答してくれます。この手軽さが最大の魅力です」と、社長の佐武伸雄はサービスの特徴を説明する。

ChatGPTなどの生成型ＡＩとも異なり、データを検索して提供する仕組みのため、構造がシンプルで回答の〝揺らぎ〟が少ない。さらに、求める情報が探しやすいＵＩ設計や、データ更新の容易さなども高い支持の要因となっている。「当初はＷｅｂ上でのお客さまサービス向上の目的が多かったのですが、直近では企業内のＤＸ強化の流れを受け、社内の業務効率向上を目的とした導入が圧倒的に多くなっています。特に、マニュアルやＱ＆Ａなどのデジタルデータが整備されている大企業からの引き合いが多く、私たちの事業の新たな柱に育ってきました」

わが社はこれで勝負!

50万ライセンス

業務利用に特化したモバイル端末管理ツール「MobiControl」

「MobiControl」の導入実績は、これまでに50万ライセンス以上。業務でのモバイル利用やアプリの活用が増えるとともに、同社の実績も加速度的に拡大している。グローバルでも174カ国、1万8000社での導入実績があり、世界のMobiControlサポート拠点と連携しているのも大きな強みだ。

システム開発、自社パッケージ、海外パッケージの3事業の相乗が強さを生む

日本電気（ＮＥＣ）で研究員をしていた佐武が、その後ＩＴ業界や営業会社で独立に向けたスキルを高め、同社の前身となるワールド情報を創業したのが２００５年。アヴァンティ代表の宮下伸也(注1)と協業しモバイル分野での開発支援業務を中心としたスタートだった(注2)。

その後「お客さまをより近く感じられる場所で」「今までにないものをつくり出したい」という思いが強くなり、ｉＰａｄによる美容院統合管理システム「Vi×Vi」など自社パッケージの開発に乗り出す。しかし当然のように資金はなく、「受託業務を安く受けて、代わりにそのシステムのパッケージ製品化を許してもらう」という大胆な戦略で活路を開いていった。

大きな転機はカナダのＳＯＴＩ社が開発したＭＤＭ（モバイル端末管理）ツール「MobiControl」に出合い、代理店契約を結んだことだ。

「そもそもは私たち自身が、こんなツールを求めていたのです。アプリ導入後の問い合わせや変更、トラブル対応にあまりにも時間を割《さ》かれ、遠隔で対応可能な体制をなんとか構築したいと。その結果が非常に良かったため、自ら販売にも乗り出すことにしました」

もっとも「時代を先取りしすぎたサービスだった」ため、日の目を見るまでには長い年月を要した。「もう撤退しようか」そんな雰囲気も出てきた販売から5年後、三菱重工業からの大規模な注

（注1）現・ペネトレイト・オブ・リミット 取締役副社長 兼 CTO
（注2）2011年にワールド情報、アヴァンティの共同出資でペネトレイト・オブ・リミット設立。2023年にペネトレイト・オブ・リミットに一本化した

PROFILE

佐武 伸雄
さたけ のぶお

1977年、和歌山県出身。日本電気工業技術短期大学卒業後、日本電気に入社。光ディスクの研究・開発業務などに約5年間携わる。2005年ワールド情報創業。2011年1月ペネトレイト・オブ・リミット設立、代表取締役就任。

文が入り、一気に息を吹き返す。「びっくりするほど多くの企業が同じ場でプレゼンを行い、とても勝ち目はないと思ったのですが、セキュリティの高さと、細かな権限設定や優れた操作性に着目いただき、採用されることになりました」

「MobiControl」の代表的機能は、業務で使うスマートフォンやタブレット、ハンディターミナルなどの端末において、新規アプリのインストールやトラブル解決などを遠隔でコントロールできること。数万台の端末の一元管理も可能で、それによって削減できる手間やコストは非常に大きいという。

さらに、同社ではコールセンターを内製しており、きめ細かなサポート体制も強みだ。自社開発ではないため、システムの基本構造は変えられない半面、「できることはすべて」というほど運用に力を入れ、企業の多様なニーズに応えている。

「年を追うごとに企業の端末利用が高度になり、高機能が求められるほど私たちへの依頼が増えるという好循環になっています。価格は他社より少し高いですが、クオリティでは負けない

（左）事業の新たな柱として急成長中。AIチャットボットサービス「amie」。（右）一体感ある企業カルチャーにこだわり、その姿勢に共感して入社する社員が多い

という自負があります」と、佐武は笑顔を見せる。

現在同社のビジネスは、この2つの自社サービスと祖業である受託開発事業から構成されている。社内では「3事業会議」を定期的に行うなど、情報連携を強化し、顧客ニーズへの対応力を高めるとともに、アップセル、クロスセルなど、いくつもの相乗効果が生まれているという。

ペネトレイト・オブ・リミット。限界を突破せよ！

新しいチャレンジに積極的な同社の基盤を支えるのは、佐武がこだわり続けてきた一体感ある企業のカルチャーだ。

理念として掲げる「新たなものを生み出す志《こころざし》と高い技術力で、世界に今ない選択肢を増やす」を最上位に、「私たちが大切にする10のこと（行動規範）」、挨拶と感謝、素直、プラス思考とチャレンジ精神、約束、当事者意識からなる「5つのこだわり（行動指針）」などを策定し、社員一人ひとりが目指すべき姿の共有に力を注いでいる。

一方、10年ごとに社員全員で10年目標の「夢計画」を策定するなど、全員参加型の経営スタイルも特徴だ。採用活動でもビジョンや理念の発信に注力。「このようなカルチャーに共感していただく学生がとても多く、幸いなことに採用は順調に進んでいます」と佐武は言う。

2024年から「夢計画」の次なる10年がスタートした。目標は2033年に売上高100億円。そのためにも「もう一度、原点に立ち返りたい」と、佐武は言葉に力を込める。

「この10年間で、私たちらしいカルチャーが着実に育ち、良い会社になってきたという手応えはあります。しかし、変化の激しい時代を生き残っていくためには、創業期のような溢れんばかりの情熱やスピード、ガッツなどの力強さも欠かせません。『ペネトレイト・オブ・リミット。限界を突破せよ！』、まさに今、新たな挑戦のスタートです」

ペネトレイト・オブ・リミット株式会社
〒104-0033
東京都中央区新川2-9-6
シュテルン中央ビル 3階
☎03-6272-6871
https://pol-japan.co.jp

設　立●2011年1月
資本金●1000万円
従業員数●70名
売上高●22億円（2024年12月期）
事業内容●「MobiControl」「amie」などの自社パッケージ商品の開発・販売。モバイル向けの開発支援

リオ・コンサルティング

顧客の人生に寄り添う〝日本型ファミリーオフィス〟不動産開発・運用の知見を強みに地方再生にも貢献

代表取締役 小杉 裕康

「世代を超えて、あなたの資産を守りぬく。」をミッションに、不動産を軸とする資産運用コンサルティング事業を展開。不動産再生、テナント仲介、建築・設計、建物管理など、収益向上を可能にする幅広い知見や遂行力と、弁護士、司法書士、税理士などの専門家とチーム体制を組んだワンストップコンサルティングで、〝ここにしかないサービス〟を創造する。

不動産の再生（収益改善）を図る。その物件の運用・管理を一手に請け負い、賃料保証も手がける。生み出された収益や資産に対してチーム・リオ(注1)で税務・法律のコンサルティングを行い、新規の不動産投資もサポートする。その投資が、地方都市の不動産再生の原資となる。

リオ・コンサルティングの最大の強みは、この一連のスキームをチーム・リオで完結できることだ。特に「不動産の付加価値を高める力」は抜きん出ており、かかわる人・企業・物件のプラ

（注1）リオ・ホールディングスグループと専門家集団のリオ・パートナーズ総合事務所が構築したチーム体制の総称
（注2）住宅に限らずオフィス・店舗・ホテルなど幅広い用途の建物が対象になる

スのスパイラルをつくり出すことができる。

その起点となるのが、「お客さまに代わり自ら汗をかき、収益とリスクを分かち合おうとする企業姿勢です」と、社長の小杉裕康は語る。

サブリース（賃料保証）の取り組みは、まさにその象徴といえるだろう。一般的に、不動産会社が保証するのは住宅系の新築物件が中心だ。そのほうがテナント（入居者）が付きやすいうえ、新築時の請負工事での利益を得ることで将来のリスクを吸収できるからだ。

しかし同社は、築30年以上経つ建物（注2）をさらに10年20年にわたって保証する。建物の修繕や劣化対応、メンテナンスなども、保証のなかに含まれる。市場環境を読み取る力、リノベーションの商品力、テナントを誘致する力など、すべてに自信がないとできない取り組みだ。「不動産再生案件で入札になった時、難しい物件であればあるほど私たちが勝てる確率が高くなります」と、小杉は言う。


わが社はこれで勝負!

591棟 74%

再生を手がけた1966年築の岩手県盛岡市の農林会館

リオ・コンサルティングが運用中の不動産物件は全国39都道府県に計591棟。資産運用金額の総計は2100億円超になる。注目は運用物件の74%超が築30年以上ということだ。主に地方都市に存在するリオリース物件（168棟）ではさらに高く84%。これらの物件を賃料保証できる運用力の高さは特筆ものだ。

※各数値は2024年9月末時点のもの

不動産の再生・運用から税・法律の実務まで、すべてに精通したチームを目指す

創業は1997年。現在主要子会社4社他で構成されるリオ・ホールディングスグループの中核企業となる。リクルートコスモス（現・コスモスイニシア）を経て会社を立ち上げた中川智博(注3)の経営の原点は、大きく2つ。リクルート創業者である江副浩正氏から授かった「世の中にない新しい〝便利〟と〝付加価値〟を探しなさい」という言葉。そして、自身の祖父の相続の時に経験した不便さだった。実務の種類ごとに、不動産会社、弁護士、司法書士、税理士などへ個別に相談に行く必要があったからだ。

それでは手間がかかるだけでなく、大局的な判断も難しい。すべてを網羅し精通するビジネスを構築すれば、まさに新しい便利と付加価値をつくり出すことができると考えた。

一方、デベロッパー時代の経験から、売買の先にある〝顧客に寄り添う姿勢〟の大切さも実感していた。ここから〝日本型ファミリーオフィス(注4)〟という独自モデルの模索が始まった。「日本においては、富裕層の所有資産における不動産比率が非常に高いことから、不動産に対する知見や運用力がより重要になります。それを、私たちは〝日本型〟と表現しました」

相談の内容は、やはり相続や事業承継対策が最も多く、次いで不動産を再生してほしい、収益力を上げたいなどが挙がる。多くは、全国の金融機関や既存顧客からの紹介だ。

（注3）グループの創業者であり、現在はリオ・ホールディングスの代表取締役

（注4）富裕層を対象に資産管理および運用サービスを提供する組織

PROFILE

小杉 裕康
こすぎ ひろやす

1976年、東京都出身。早稲田大学卒。積水ハウスを経て、2006年1月リオ・コンサルティング入社、2019年代表取締役就任。1級建築士。

そんな同社が、近年注力しているのが「リオリース」だ。これは収益不動産を求める資産家向けに設計されたもので、「賃料保証＋維持費負担なし」をコンセプトにした商品だ。「長期の保証期間中の賃料改定・解約は不可」と明記された契約は業界では極めて稀で、期間中の受取り賃料や経費などのお金の流れも、包み隠さずオープンにしている。ここにも、収益とリスクを分かち合う同社の企業姿勢が顕著に表れている。

「私たちは不動産の売却利益を目的にしていないため、良い物件を安く仕入れて原価で販売しています。だからこそ物件自体の利回りが高い状況を生み出し、もし私たちに何かがあった時も、資産価値が目減りする心配が少なくて済むという強みがあります。この点は、皆さまに強くご共感いただいています」

不動産再生による〝地方都市への貢献〟

同社の事業には、もう一つの大きな側面がある。それが、不動産再生を通じた地域経済の活性化支援だ。

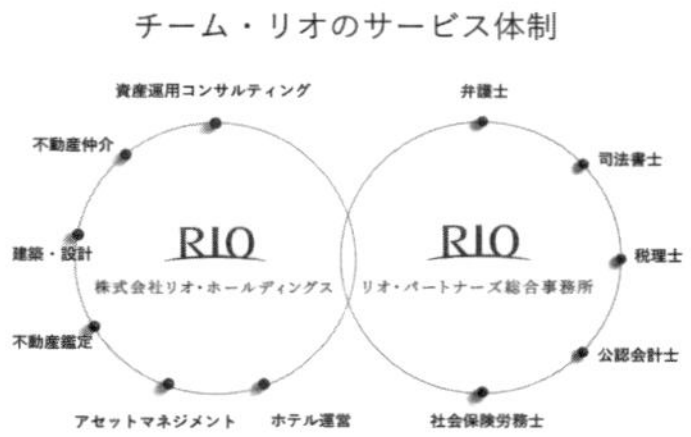

（左）チーム・リオのネットワークを生かして、あらゆるニーズに対応していく。（右）受け継がれてきた企業文化を言語化し、理念体系を構築

「東京であれば古いビルは建て替えたほうが資産価値は上がります。しかし地方都市では、人件費や資材の顕著な値上がりもあって、新築で利回りを確保するのは難しい。一方、テナントが抜けたビルは解体されて駐車場になってしまうことが多い。当然、街はどんどん寂れていきます。今ある建物をどう残していくかは、地方都市にとって大きな命題なのです」

ちょうど同社にはリオリースがあり、多くの購入者がいる。この資金力を生かすことで、積極的に地方都市の物件を購入し再生を図り、街の賑わいを未来につなぐことができるのだ。主な対象は、人口20万人以上の中核市。全国規模で地方の不動産再生を手がける会社はほとんどなく、同社のポートフォリオに占める地方物件の割合も年々増加しているという。

「直近では百貨店跡地など、街のシンボルだった大型商業施設の再生を自治体などと連携して手がけることも増えています。企業規模が拡大するにつれ、私たちが担うべき役割がより強く、大きくなってきていることを実感しています」

そう語る小杉は２００６年に入社し、２０１９年から社長の重責を担う。２０２３年にはチーム・リオのスタンスを体系化した「理念ハンドブック」が作成され、「ここにしかないサービスを創造する」「ここでなくても生きていける人材を育む」といった、事業と人事の核となるミッションを掲げた。その創業から受け継ぐ理念や企業文化の継承をとても大事にしている。

「幅広いハイレベルなコンサルティング知識、顧客に寄り添う力、責任感、不動産現場での対応力など社員に求められるものは非常に広く、仕事として大変な部分は確かにあります。そのぶん、経験を積める機会はとても多く、会社もそのチャレンジ、努力をしっかりと評価しています。『教育によって〝育てる〟のではなく、機会によって〝自ら育つ〟環境を創る』、その活躍の場を広げ、私たちにしかできないサービスをさらに充実させていきたいと考えています」

株式会社
リオ・コンサルティング
〒100-0014
東京都千代田区永田町2-12-4
赤坂山王センタービル
☎03-5156-8887
https://www.rio-corp.co.jp/

設　立●1991年2月
（1997年創業）

資本金●8000万円

従業員数●1893名（リオ・ホールディングス連結）

売上高●174億円（リオ・コンサルティング単体）
リオ・ホールディングス連結
327億円
ともに2023年12月期

事業内容●資産運用コンサルティング・不動産再生

キティー

創業の精神を受け継いだ食品原料、機能性素材を開発 何気ない日々の食事のなかに美味しさと健康を届ける

代表取締役社長 朝木 宏之

天然成分が含まれる梅酢を用いて肉や魚介を柔らかくジューシーに仕上げる軟化剤、赤ちゃんが母親からもらう免疫成分の一つ「クリスパタス菌」を生かした機能性素材など、独創性溢れた食品原料の開発に取り組むキティー。すべての底流にあるのは、創業時から受け継ぐ「予防医学」の考え方と、「豊かな食生活を通じた健康と幸せ」を追求し続ける熱い思いだ。

「家族みんなが揃ってテーブルを囲み、和気藹々《わきあいあい》と語らいながら同じ食事を一緒に楽しむ。豊かな食生活と聞いて、そんな何気ない日々の家族団欒《だんらん》の形を思い浮かべる人は多いのではないでしょうか」。そう語るのは、2011年からキティーの社長を務める朝木宏之だ。

「小さな子どもからご年配の方まで、一つの料理を取り分けて一緒に味わえることで、会話が弾み、より幸せを感じられる時間を過ごしてもらえるように。そのためにも、肉や魚を噛み切るの

に歯や顎の負担が少なく、それでいて美味しくジューシーな触感になるように。この軟化剤の例でもわかるように、私たちが提供する商品にはいずれも『何気ない日々の食生活を通じて、美味しさと健康をお届けしたい』という思いが、ふんだんに込められています」

より多くの人を健康に。その思いで医者から経営者へ

医学博士だった熊部潔が、同社を設立したのが１９８５年5月。以来40年間にわたり、創業時の理念が事業の根底にあり続ける。そのキーワードは「予防医学」だ。

「熊部は大学卒業後、製薬メーカーで新薬の開発などに携わる傍《かたわ》ら、海外医療ボランティアで世界を飛び回っていました。その時、医師の前に長蛇の列をなす人々を目の当たりにして、病気にかからないように、もっと日常的に健康を維持できるものをつくれば、より多くの人の役に立てると考え、当社を設立したと聞いています」

わが社はこれで勝負!

4000億個以上

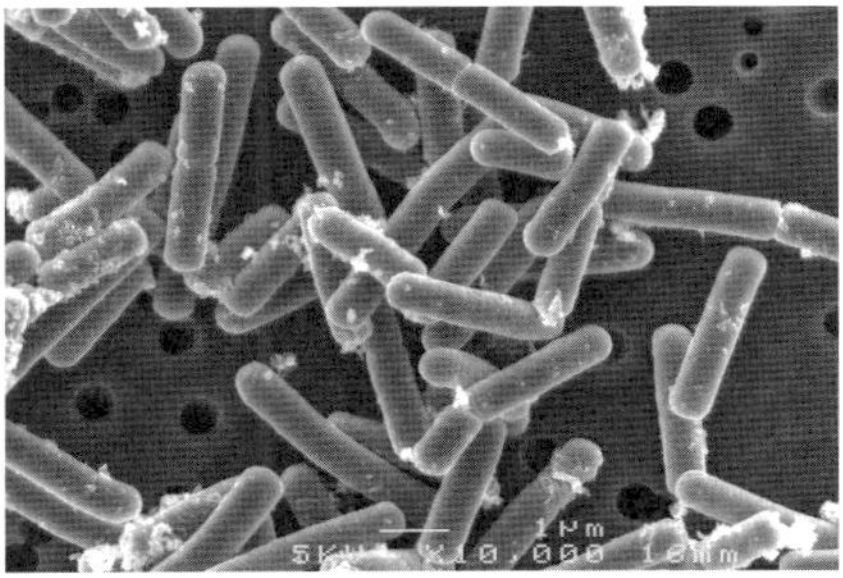

クリスパタス菌KT-11株の顕微鏡拡大図

食品、飲料、健康食品・サプリメント製造用の原料などに幅広く採用されている「クリスパタス菌KT-11」。なかでもオーラルケアやスキンケア製品向けとして近年注目度を高めている「クリスパタス菌KT-11 for Cosmetics」には、1g当たり4000億個以上の乳酸菌が含有されている。

創業からしばらくは「研究して特許を取得して、その特許を企業に売却してまた新たな特許技術を開発して」の繰り返しで会社を回していた。そこからいくつものヒット商品が生まれており、研究にかける情熱や開発力の高さも、同社が受け継いできたDNAの一つだ。

やがて熊部は、自社商品の開発にも着手。第一弾として、環境への負担が少なくコストも抑えられる養殖用の飼料を発売した。その後「時代をかなり先取りした商品で、数多くの賞を獲得した」というDHAやEPAをカルシウムで包む機能性原料とともに、1997年に誕生したのが、同社の中核事業として長く経営を支え続けている肉軟化調味料（軟化剤）だ。

当時から自然由来の原料にこだわり、初期はリンゴ果汁を基に開発した。しかし原料供給が天候によって左右される不安定さを回避したいと、2000年に入社した朝木が主導して代替原料を模索。お酒のもろみ粕など、試行錯誤を重ねた先にたどりついたのが今の梅酢だ。

「梅干しの生産現場では、大量の梅酢が産業廃棄物として費用をかけて処理されていました。ですから、生産者にとってはコスト削減、私たちは安定仕入れが可能となり、環境にもやさしいと一石三鳥。またリンゴはアレルギー源の一つだったため、『あらゆる人に届けられる商品が欲しい』という、お客さまからのニーズに応えることも可能になりました」

こうして発売された「梅ソフト」は、まずはコンビニエンスストアの弁当向けの製品として注目され、「温め直しても美味しく食べられるように」というニーズに応えて一気にブレイク。そ

PROFILE

朝木 宏之
あさき ひろゆき

1972年、神奈川県出身。日本大学卒。テイクアウト専門の寿司販売会社に入社し、品質管理や商品開発、FCとして始めたラーメン屋の店長などに携わる。2000年8月キティー入社、2011年4月代表取締役社長就任。

の後、高齢化社会の進展とともに裾野が広がっていった。

現在は、前記した弁当工場向けを中心に、外食産業、加工食品メーカー、介護施設向けなど、取引先は５００社以上。それぞれの用途や加工工程に合わせた使い方の提案に力を入れていることも、業績の拡大に一役買っている。

今後のテーマは大きく２点、海外市場の拡大とＢ to Ｃ向け商材への注力だ。前者は、海外での生産拠点の開設を見据え、後者においては、小売店・ＥＣ向けの「果実のチカラでおにくやわらか梅ソフト」を発売。新たな市場開拓に注力中だ。

乳酸菌商品が伸長。海外も見据え事業の新たな柱へ

「乳幼児の腸内には、出産時に母親の産道を経由して受け継がれるクリスパタス菌が存在します。これはアレルギーや感染症の発症リスクを軽減させるといわれている乳酸菌で、加齢とともに減少していきます。この作用に着目して、私たちは国内で初めて工業化生産（大量培養）に成功し、『クリスパタス菌

（左）肉や魚介をやわらかくジューシーに仕上げる「梅ソフト」。個人向け商品も発売。（右）乳酸菌の培養や分析・研究（遺伝子分析など）、食品の分析を行う研究室

KT-11』として製品化しました」

並行して同社は信州大学と研究を進め、「クリスパタス菌KT-11」が他の乳酸菌と比べて圧倒的に抗アレルギー効果が高いことなどを実証し、いくつもの特許を取得している。

大学との共同研究は同社の重要なテーマで、その後も信州大学のほか、九州大学、徳島大学などと「乳酸菌の持つ可能性」について共同研究を推進。一方で、社内でも常に「新しい乳酸菌の探索に力を入れている」という。

この「クリスパタス菌KT-11」は加熱処理済（注1）の粉末製品として提供される。独自の香りや味を持たない、加熱工程を経ても免疫活性が保たれる、分散性が高いなどの特性を生かして、食品、飲料、健康食品・サプリメント、化粧品、口腔ケア、ペットフードなどの原料などに幅広く採用されている。

コロナ禍において「免疫力向上」は大きなキーワードになり、乳酸菌のマーケットは爆発的に拡大した。同社の製品もこの間に飛躍的に売上げを伸ばしている。以降も市場は安定して推移

（注1）乳酸菌製品は大きく生菌と死菌（殺菌乳酸菌）に区別されるが、それぞれの主な作用は前者が「腸内環境を整える」、後者が「小腸で免疫を高める」といわれている

していると いい、さらに海外向けの事業も強化中だ。直近では台湾に向けた栄養ドリンクやサプリメント用原料としての輸出が増加し、他の東南アジアやアメリカなどでも市場開拓に注力。「軟化剤と並ぶ大きな柱に育てていきたい」と朝木は強い意欲を見せる。

同社が今掲げるビジョンは「カラダにオイシイ、キットイイ（KITII）未来」。病気になりにくい社会生活の実現に向け、より良い機能を持った新しい製品を、よりスピーディーに世に出していくことが使命だ。「そのためにも私たち単独ではなく、さまざまなジャンルの企業の方々と一緒に新たな付加価値をつくり出していくことを重視しています。かなり時間がかかるような難しい案件でも気軽に相談してもらえるような、その期待にしっかり応えられるような、魅力ある会社であり続けたいと考えています」

株式会社キティー

〒103-0023
東京都中央区日本橋本町1-6-1
丸柏タマビル4階
☎03-6457-7990
https://www.kitii.co.jp

設　立●1985年5月

資本金●4000万円

従業員数●25名

売上高●8億1300万円
（2024年3月期）

事業内容●肉・魚介用軟化剤、乳酸菌などの機能性食品原料の製造・販売

ニシハタシステム

緊急地震速報と保育防災の機器販売で独自モデルを構築 少数精鋭で超高収益率、社員還元力の高い企業をつくる

代表取締役 西畑 恭二

工場向けの緊急地震速報受信システムと、幼稚園・保育園の災害対策用のＩＰ無線機の販売が事業の２軸。いずれも業界内で圧倒的なシェアを誇り、超高収益率の事業モデルを確立した。強さの秘訣は秀逸なビジネスモデル戦略と、社員全員への〝日々の学び〟の徹底。その起点となる「サラリーマンでも豊かな生活を送れる会社でありたい」という経営者の熱い思いだ。

緊急地震速報受信システムの代理店に２００６年に加盟して以降、瞬く間に圧倒的ナンバーワンのシェアを獲得したニシハタシステム。その理由は極めて明快、機器の導入にかかる費用を無料にしたからだ。しかし、なぜ同社だけが無料化を進めることができたのだろうか。

「代理店になった当時は、まだ緊急地震速報受信システムの黎明期。この市場は必ず大きく伸びるという確信はあったものの、企業側にとっては『いつ起こるかわからない一瞬の備えのために

コストをかける』という発想はほとんどありませんでした」。社長の西畑恭二は、当時をこう振り返る。

どうしたら普及させることができるだろうか。日々模索していた西畑は、やがて二つのヒントを得た。一つは携帯電話の普及に機器の無料配布が果たした役割が大きかったこと。そしてもう一つが「災害ベンダー」の存在だ。

かかわる企業のすべてがWinWinになる事業へ

災害ベンダーとは、災害や緊急事態などの停電時でも飲料を無償で提供できる自動販売機のこと。大手飲料メーカーのCSR活動の一環で採用されることが多く、「これらを実施している企業であれば、緊急地震速報受信システムの導入に協力してくれるのではないか。それによって無料導入が実現できるのではないか」と閃《ひらめ》いたのだ。

ビジネスモデルは、工場などに設置された自動販売機の収益の一部を、機器の導入・運用費として協賛してもらう

わが社はこれで勝負!

4500事業所

主力商品の緊急地震速報発報端末「地震の見張り番Touch」

飲料メーカーとの提携で、緊急地震速報受信システムを無料で設置可能な仕組みを考案したことでユーザーニーズは急増。これまでに全国4500事業所での導入実績を持ち、圧倒的ナンバーワンのシェアを誇る。一方、幼稚園・保育園の災害対策用のIP無線機の販売も伸長。こちらも2800を超える園で導入が進む。

もの。非常にシンプルな仕組みだが、飲料メーカーにとっては、自動販売機の設置台数を増やすことができる。設置する企業にとっては、社員が支払った飲料代を「いざという時に社員をしっかり守る」という形で還元し、企業イメージの向上が図れる。しかも費用をかけることなく。

このように、かかわる企業や人のすべてがＷｉｎＷｉｎとなるビジネスモデルは、数多くの企業の理解を得て、やがて加速度的に裾野を拡大していった。

成長の背景には、もう一つ西畑らしい戦略があった。それは導入が一気に増えた時、機器メーカーに「コールセンターの無料運営」を提案したことだ。問い合わせ対応に四苦八苦していたメーカーは、一も二もなく快諾。同社が導入企業や検討中企業のすべての窓口となったことで、契約はさらに順調に進んでいった。

一方、飲料メーカー自身が自動販売機設置の新規営業をする際もこの仕組みは効果的で、メーカー側も率先して売り込んでくれた。その後シェアの拡大とともに、飲料メーカーにとって同社は重要なパートナーとなり、追随するライバルが生まれにくくなった。まさに〝てこの原理〟のように、少人数小資本でも新たな市場を創造できる見本ともいえるモデルとなった。

「大切なのは『お客さまが何を求めているか』を見極めるお客さま視点の発想です。必ず返事が〝Ｙｅｓ〟になるような、事業の社会的価値、導入のしやすさ、お客さま対応のあり方などを徹底的につくり込んできました」

PROFILE

西畑 恭二
にしはた きょうじ

1961年、大阪府出身。近畿大学理工学部卒。大手OA機器メーカーに入社し、最年少マネージャーに就任するなど営業を中心に実績を積む。2004年10月ニシハタシステムを創立、代表取締役に就任。

幼稚園・保育園向けIP無線機は倍々ゲームで伸長

大規模地震などで携帯電話がつながらない時にも通信が可能で、非常時はもちろん日常的な連絡にも活用できるツールとして開発した幼稚園・保育園向けのIP無線機。この機器の拡販時にも、同社の〝らしさ〟が存分に発揮されている。

当時すでに、緊急地震速報受信システムの取引先は数千規模だったが、「企業向けはレッドオーシャンすぎて」あえて対象から外した。代わりに「参入障壁が非常に高いがニーズが大きい」幼稚園・保育園向けに特化することを決めた。

市場へのアプローチは2方向から。業界団体に加盟して信用力を高め、業界向け新聞とも連携を進めた。後者は「先行して自社で広告を打ち、反響の大きさを確認してから」レベニューシェアを打診。以降の宣伝費を大幅に圧縮している。

園への導入は、無料の貸し出しからスタートする。実際に使って納得してもらってから採用してもらうのだ。「多い時は全

（左）日常業務から災害時まで活用可能なIP無線機「伝」シリーズ。利用継続率は98.8%を誇る。（右）〝日々の学び〟を大切に、少数精鋭・超高収益率の企業を実現している

国で数百台規模の貸し出しを行っています。ここまで振り切って先行投資ができる会社は他にない」と西畑は言う。

２０１６年の最初の契約以降、受注実績は倍々ゲームで増え、現在は２８００園を突破。国内にはその20倍ほどの市場[注1]があるといい、伸びしろはまだまだ大きい。一方、同事業の前線を担う専務取締役の西畑進太郎が中心となって、一般社団法人日本保育防災協会の立ち上げやカンファレンスの開催を推進。園におけるＢＣＰ対策[注2]の重要性を啓蒙している。

今後の重点方針として挙げるのは、メーカーとしての機能を確立していくことだ。「現場を最も熟知しているからこそ、より使いやすい機器を開発し、納品後のサポート体制もより厚くすることができるからです」

そう語る西畑の起業の出発点は、大手ＯＡ機器メーカー勤務時代に〝サラリーマンの給料の限界〟を感じたことだ。これでは子どもの将来の夢に応えられないのではないかと。「少数精鋭で超高収益率」を目指してきた根幹はここにある。

（注1）主たる対象は〝私立〟の幼稚園、保育園、認定こども園など
（注2）2023年4月から、保育所を含む児童福祉施設等において、BCPの策定、研修・訓練の実施、定期的なBCPの見直しが努力義務化された

「直近は人員を増やして先行投資もしているため例年より低い」というが、それでも営業利益率は55パーセントを優に超える。商社としては考えられない水準だ。この強固な財務力を生かして、営業社員の多くは年収1000万円を超え、近い将来には間接部門も含めた全社員が1000万円に達することを目指している。

「当社には、ノルマ至上主義的な根性論はありません。その代わりに口酸っぱく言い続けているのが〝継続的な学び〟です。販売心理学やメンタルマネジメントなど、仕事の役に立ちそうな音源をスマホに入れて、通勤中でもどこでもずっと聞いていなさいと」

数字を上げられるスタッフは育った。その先の〝数字を上げる仕組みづくり〟ができる分身をどう育てていくか。それが西畑にとって最大のテーマであり、楽しみでもある。

株式会社ニシハタシステム

〒590-0985
大阪府堺市堺区戎島町3-22-1
南海堺駅ビル4階
☎072-224-8800
https://www.nishihata-system.jp

創　立●2004年10月

資本金●1000万円

従業員数●27名

売上高●9億5700万円
(2024年4月期)

事業内容●工場向けの緊急地震速報受信機、幼稚園・保育園向け災害対策用のIP無線機の販売

FUN to FUN

農作業から加工、流通、販売、店舗運営まで一気通貫 外国人材も積極登用し、食文化の持続・発展に寄与する

代表取締役 櫻木 亮平

創業初期から食の分野に特化して人材派遣・請負事業を展開。農業生産者、製造工場、販売の現場など多様なニーズに応える独自の事業モデルを確立してきた。成長の軸にあるのは「求められるクオリティの標準化」を可能にした教育・研修の仕組みづくりだ。近年は、その強みを生かして外国人材の登用を強化。派遣実績の過半数を占めるまでに拡大している。

「人材不足が深刻なサービス業の悩みに応えるため、実店舗の運営を通じた、より実践的な外国人材の育成環境をつくっていきたい」。この強い使命感のもと、人材総合サービス企業のＦＵＮ to ＦＵＮは、中華料理店チェーン「大阪王将」のＦＣとして、２０２４年10月から「大阪王将東長崎店」（東京都豊島区）の運営に乗り出した。これまで店舗運営を一括で受託してきた実績は数多くあるが、自ら経営の主体者となるのは今回が初めてだ。

「多くの外食店にとって、すでに外国人材はなくてはならない存在になっています。しかし通常業務をしながらOJTで成果を出すのは非常に難しい。であれば〝育成〟を前提とした店舗を立ち上げ、育てた人材を他の店舗に輩出する仕組みをつくれば、業界の活性化に貢献できるのではと考えたのです」と、同社の櫻木亮平社長は、今回の取り組みの背景について説明する。

「目指しているのは、日本一の接客が実現できる環境づくり。そのためのマニュアルづくりと、実際にそれを遵守した形での実践を非常に細かくやっています。『当たり前のことを当たり前に』という非常に単純で、しかしいちばん難しいことを日々愚直に積み重ねています」

人事の困りごとをすべて解決するのが人材会社の使命

「人材業界では後発のため、他社と同じことをしていたら生き残れない」と、櫻木が事業転換を図ったのは創業3年

わが社はこれで勝負!

60カ国 1万人以上

本部も積極的に外国人材を登用し意思疎通を深めている

FUNtoFUNでは早くから外国人材の派遣に注力し、現在の登録は1万人以上。全体の50%を占めている。国籍が非常に多岐にわたるのも特徴で、ベトナム、ネパール、中国、インドネシアなどを中心に、およそ60カ国に上る。そのため、本部にも外国人材を積極的に登用し、潤滑な意思疎通を実現している。

目のこと。「社内有志が集まり意見を出し合い、そこで注目したのが食品業界でした。マーケットが大きく、安定している。社会的にもなくてはならない業界。しかし単価が低かったため、他の人材会社は受けたがらなかった。私たちがきっちりつくり込んだ提案書を持っていくと『こんなもの見たことがない』と驚かれました。見事にブルーオーシャンだったのです」

この反応に手応えを得た櫻木は、食品業界に特化することを決断。得意先だった大手製造業との契約を解除して退路を断った。「常日ごろから私たちは、『人材会社は企業の人事の困りごとをすべて解決することが仕事だ』と、口酸っぱく言っています。その点でも食品業界の仕事は、当社の理念に合致すると考えました」

派遣単価は、生産性の向上によって底上げを図った。結果として予算内で仕事が回り、人も集まる。以降、同社はコンサルティング力を強化し、事業の付加価値を高めている。

対象とする食品業界向けの事業領域は幅広い。中心は食品工場向けだが、農業・水産業などの第1次産業から、物流・販売などサービスにかかわる第3次産業まで、まさに6次産業のすべてを網羅。そのワンストップ力が競争優位性の高さとなっている。

農業では、食品メーカーやJAなどの依頼を受け、例えば北海道ならじゃがいもやスイートコーンなどの生産や収穫にも携わる。特に収穫作業は繁忙期が重なるため、人材確保は常に大きな悩みとなっており、同社への期待は非常に大きい。

PROFILE

櫻木 亮平
さくらぎ りょうへい

1978年、大阪府出身。大手人材会社のグループ会社に新卒で入社。その後、人材会社向けコンサルティング事業を立ち上げ、そこで知り合ったFUNtoFUNに2005年12月に参画。2006年6月、代表取締役就任。

販売分野の優位性は、店舗運営の一括請負が可能なこと。接客・レジ打ちだけではなく、お店のオープンから品出し、清掃、閉店作業などまで、あらゆる業務に対応する。東京都内の大手都心型スーパーの全店舗の運営を丸ごと任されているほか、これらの機能の必要な一部を提供する形で、首都圏の大多数のスーパーと取引実績があるという。

全国の日本語学校からアルバイト探しの相談が殺到

これらの事業基盤を支えるのが、同社ならではの採用力と人材力。この二つが見事なまでに補完・相乗していることだ。

いうまでもなく、人材不足はどの業界でも大きな悩みの種だが、同社は安定して求職者が確保できているという。その最大の理由が「月1日勤務でもOK」という受け入れ態勢の広さだろう。「首都圏ではアーティストや芸能志望などの夢追い人が多く、そういった方々の変則的な働き方の受け皿としても非常に重宝されています」と櫻木は言う。

（左）外国人材向け仕事探しアプリ「WOW!」。（中）農作物の生産や収穫時の人材ニーズは非常に大きい。（右）外国人材の実践教育の場として運営を始めた「大阪王将東長崎店」

この多種多様な人材を、求められるクオリティに育て上げてから送り出す仕組みづくりこそが同社の真骨頂だ。事前研修は40時間にも上り、〝門外不出〟のマニュアル整備に力を注ぐ。近年話題の〝スキマバイト〟とは、この点が大きく違う。

外国人材の登用が伸びてきたのは、このノウハウがあるからこそといえる。現在、海外人材の約9割が留学生。その多くは2年間の在籍で、当然授業との兼ね合いもある。それでも「営業時間をフルコミットする」シフトが実現できるのだ。

「ここで何よりも重要なのが、出身国が同じリーダーをつけること。これだけで意思疎通が大きく変わります。個々の日本語の習得レベルに合わせて、工場勤務から接客販売などまで最適な受け皿を用意する。日本人と外国人材の給与水準に差をつけないなど、留学生のやりがいや働きやすさも徹底してきました。結果として全国の日本語学校の信頼を得て、アルバイト探しの相談が頻繁に来るようになりました」

一方、グレーなイメージが残る外国人材採用の懸念払しょくのために、2024年にリリースした「グローバルなお仕事探しアプリWOW！」を通じて、求職者に対する厳格なビザ管理を実現。クライアントの安心を担保している。冒頭に紹介したFC事業への参入は、これらの積み重ねの集大成であり、次なる大きな飛躍の一歩目となる。

「店舗経営の主体者となったことで、例えば食材の流通だったり、店舗の衛生管理だったりと新たな気づきも増えました。今後はさらに、現場改善などより上流のコンサルティング力も高めていきたいですね」と、櫻木は未来を見据えて言葉をつなぐ。

「将来的には、グループ内に農業生産法人を設立する構想も持っています。生きるうえで〝食〟はすべての原点です。私たちが頑張ることが、日本の食料自給率の向上に寄与することになるように、そんな自負を強く持って事業の裾野を広げていきたいと考えています」

FUNtoFUN株式会社
〒101-0041
東京都千代田区神田須田町2-7-2 アーバンセンター神田須田町5階
☎03-5289-3291
https://www.funtofun.co.jp

創　業●2005年7月
資本金●1億円
従業員数●110名
売上高●48億3668万円（2024年6月期）
事業内容●食分野、外国人材に強みを持つ人材サービス事業

アイデアプラス

新事業・新商品開発からDX、理念体系の構築まで企業のあらゆる挑戦に伴走、笑顔の連鎖を生み出す

代表取締役 齋藤 孝司

企業が持つ独自の価値や現状の可視化から始まる伴走型支援と、「もっとクリエイターの社会的な価値を高めたい」という熱い思いから生まれた、1200名超のネットワークを生かした多彩なプロダクト対応力が強み。プロジェクトにかかわるすべての人の〝ありたい姿〟を追求し、世界中に笑顔とワクワクを広げていくことが、企業のビジョンの中心にある。

「将来の新たな柱になるような新規事業を考えたい」「今ある技術やサービスをもっと有効活用する方法はないだろうか」、あるいは「業務効率を上げるためにDX化を推進したい」「社長交代を機に理念の再構築を図りたい」など、企業経営にとって普遍的なテーマである〝挑戦と改革〟を、あらゆる角度から支援する。

アイデアプラスの特徴は、企画の立案から実行、各種クリエイティブの作成、立ち上げ後の運

用などまで、プロジェクト推進に必要な業務のすべてに対応するワンストップ体制と、現状の可視化や（取り組もうとしていることの）本質的な意義にまで立ち返って構想し、クライアント企業と二人三脚でプロジェクトを推進していく伴走型支援であることだ。

「コンサルティング会社ともデザイン会社とも少し違い、立ち位置の説明がいつも難しい」と社長の齋藤孝司は言うが、認知度は着実に向上。現在は地方銀行などとの提携も進み、「何か新しいことをしたい」「でも何からすればいいいのだろうか」と悩む企業にとっての、ファーストコールカンパニーとしての評価を高めている。

クリエイターの価値をもっと引き出すために

企業の理念や社会的価値を大切にする、齋藤の事業への思いの原点にあるのは、かつて共同創業で立ち上げた人材派遣会社での苦い思いだ。

わが社はこれで勝負!

1200名超

毎年恒例「方針発表会」での集合写真

アイデアプラスがネットワークする1200名超のクリエイターは、まさに多士済々。デザイナー、カメラマン、映像・CGクリエイター、プランナー、コピーライター、アーティストなどのクリエイティブ領域から、建築・設備関連、さらにはクラフトの職人などまで、非常に幅広い高スキルの専門家集団となっている。

「クリエイターに特化した派遣会社だったのですが、リーマンショックの影響を受けて大量の首切りをせざるを得ないことがありました。この時に感じた自分の無力さと、そもそもクリエイターの人たちの能力は、景気次第で雇用が左右されるほど低いものではないはずという憤《いきどお》りのような疑念が、今の事業の出発点にあります」

もっとも、大量解雇に携わった後の齋藤は、「当時の記憶がほとんど残っていない」というほどに打ちひしがれた毎日を過ごしていたという。それでも東日本大震災後、「気づいたらすぐに被災地に向かい、ボランティアに携わるうちに、現地の方々の復興に向けたたくましいエネルギーを感じて」、ふと我に返り再起を志した。

起業にあたって何よりも優先したのは、「クリエイターの価値をしっかりグリップできる立場になること」。そのためにも自らが仕事のつくり手となり、価格決定でもイニシアティブをとれるような、〝ディレクションの専門会社〟としての位置づけを目指した。

ポイントは、企画提案・設計・制作など一連の流れのそれぞれで費用をとれる契約設定をしたことだ。「コンペが通らなかったら1円にもならない」という業界では当たり前の商習慣と対峙《たいじ》し、携わった誰もが確実に収入を得られる仕組みを追求したのだ。

もちろん、それは容易《たやす》いことではない。まずは複数の超大手企業の理解を得て「単価は安いが自主性を発揮できる案件」を地道にこなし、その信用から少しずつ事業を広げていった。

PROFILE

齋藤 孝司
さいとう たかし

1977年、愛知県出身。早くから起業を志し、新設の豊橋創造大学に入学。呉服会社の営業を経て、2001年にクリエイター専門人材会社を共同創業。2013年アイデアプラス設立、代表取締役就任。

プロジェクト伴走支援のディレクター集団へ

「近年はオーナー系の中小企業から、世代交代や周年記念などの〝変わる必然性〟が高まるタイミングでの依頼が増えています。相談されるテーマは、新規事業立案・新商品開発が最も多く、次いで周年イベントや理念体系の再構築、ＤＸの推進など。内容は非常に多岐にわたりますが、ディレクションができる社内人材と１２００名超のクリエイターのネットワークが、その実現を可能にしています」

何がつくれる会社かで競うのではなく、依頼内容に応じて何をするべきかを考え、ありとあらゆる手段から最善な対策を考え、適性人材をアサインして実行に移していく。それが齋藤の考える〝ディレクション専門会社〟としてのあり方だ。

では、同社の実際の取り組みがどういうものか。愛知県の介護事業者の新規事業立ち上げの例をもとに、紐解いてみよう。

「新しく子ども向けのサービスを始めたい。でも何をどう進め

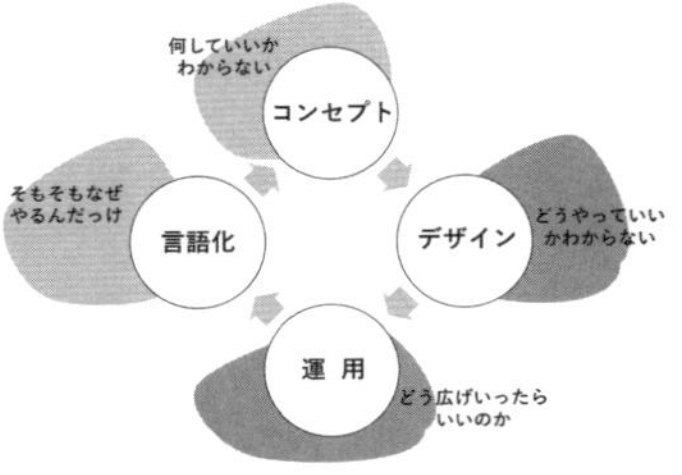

（左）アイデアプラスが提供できるサービス体系図。（右）愛知県の介護事業者の新規学童保育事業「まなべーす」の施設イメージ

ればいいかわからない。そこで私たちに相談がきました。かなり漠然としたところからのスタートでした」

まずはプロジェクトチームを立ち上げ、コンセプトを考案。その会社の文化や価値観、強みなどを整理して「私たちが手がけるならこんな学童がいいな」とイメージを膨らませ、『あそびをまなび、あそびでまなぶ。』というコピーを作成した。

コンセプトをもとに「まなべーす」という施設名が決まり、ロゴや基調となる色を決め、施設デザインをつくり込んでいった。さらに、園のカリキュラムの構築や集客も手がけ、事業として成立するまでをバックアップ。まさに「伴走型プロジェクト支援」を掲げる同社ならではのきめ細かな取り組みだ。「企業からの相談が増え続けている」という言葉にも得心がいく。

「考え方としては、ＰＭＯ[注1]に近いかもしれません。社内にはフレームワークやチームビルディングのノウハウが蓄積されており、それらの活用によって、安定してプロジェクトを回す体制が育ってきました」

（注1）Project Management Office。企業におけるプロジェクトマネジメントの支援を横断的に行う部門や仕組み

人材育成においては〝考える余白〟を意識した教育制度をとっているのが特徴だ。「教えてくれではなくて、自分で考えて自分がしたいことをする。そのために会社を使ってくれ、自己実現のツールにしてくれと。そのほうが仕事をしていても楽しい、というのが私たちの考え方です」

仕事において何よりも幸せなことは「やりたい仕事ができて、主体的に働けること。これに尽きるのではないか」と齋藤は言う。そこで生まれる笑顔が、もっと社会に笑顔をもたらすことができるように。そんな同社の今のホットなテーマが「笑顔カウンター」だ。

「私たちの仕事がつくり出した笑顔がどれだけあるか、今は自主的に数えて各自日報に書いているのですが、実際はもっと見えないその先まで、世界にも広がっているはずだよねと。それをなんとか解析してカウントできないかと、いつも大真面目に語り合っています」

株式会社アイデアプラス
〒460-0008
愛知県名古屋市中区栄2-9-30
栄山吉ビル2階
☎052-684-6623
https://idea-plus.co.jp

設　立●2013年1月
資本金●1000万円
従業員数●30名
売上高●5億円
(2024年9月期)
事業内容●新事業創出や新商品開発、FC化支援、DX推進、ブランディングなどまで企業の多様なニーズに対する伴走型支援を行う

タウンライフ

住まいのポータルサイト「タウンライフ」の運営を通じて社会課題を解決し世の中に持続的なイノベーションを促す

代表取締役社長 笹沢 竜市

家を建てたい人にとって有益な住まいの情報が得られる場所で、ハウスメーカーや工務店にとっては有力な見込み客が獲得できる場所。「タウンライフ」は徹底してユーザー視点を追求し、双方のニーズが絶妙にマッチする、住まいのポータルサイトとして成長。注文住宅を中心に、リフォーム、不動産購入、土地活用、空き家など、サービスの幅を着実に広げている。

大手ハウスメーカーのほぼすべて、全国の中小・中堅工務店など合わせて2300社が登録し、「家を建てたい」「買いたい」「リフォームしたい」などと考えるユーザーが年間10万人以上利用する。そして、この場から次々と新たな出合いが生まれ、商談につながっていく。

日本を代表する住まいのポータルサイト「タウンライフ」シリーズの成長の要因を探ると、幾層にも重なり合う練り込まれた事業戦略と、その裏にある現場への理解、顧客が求めるものを読み解く力、そして、絶えず挑戦を続けるイノベーションに満ちた企業風土があることがわかる。

そのすべての起点になったのが、タウンライフの創業社長である笹沢竜市が、大手ハウスメーカーでトップ営業マンとして鳴らした時の実体験から来る強い思いだ。

「私たちの時代は、まだすべてがアナログの世界。ひたすら飛び込み営業をして電話をかけて、『何よりもまず量』の時代でした。それらのジレンマから『見込み客にもっと効率的に出会えたら、お客さまの相談にもっと時間を割《さ》けるのに。もっと提案書づくりに力を入れることができたのに』と、いつも考えていたのです」

その後、社内で「集客サイト」の立ち上げを主導するなかで、インターネットの持つ可能性を痛感した笹沢は、世界を変えようとする起業家たちの存在にも触発され、悩んだ末に退職を決意。２００３年９月、ダーウィンシステム（現・タウンライフ）を設立する。

わが社はこれで勝負!

2300社

タウンライフ家づくりの人気コンテンツ「家づくり計画書」

「タウンライフ」の提携先一覧を見ると、誰もが知る有名ハウスメーカーがずらりと並ぶ。また全国津々浦々の中小・中堅工務店やリフォーム会社を合わせて計2300社が同サイトに参加しており、その多様性と網羅性の高さが、より最適なマッチングを生み出している。これまでの累計利用者数は40万人にも上る。

重視したのは〝スイッチングコスト〟。新規に使う必然性をシビアに追求

集客・営業コンサルティング業務からスタートした同社は、やがて広告事業へと転換。2012年7月にメディア事業（タウンライフ家づくり）を立ち上げ、送客支援を軸とする現在のビジネスモデルを構築した。しかし、住宅業界の集客ツールはアナログ、デジタル含めてすでに数多く存在していた。そのなかで、どのように今の地位を確立してきたのだろうか。

「キーワードは大きく3つ。クライアントの厚み、ＡＳＰ[注1]の仕組み、そして『家づくり計画書』です」と、笹沢はそれぞれのポイントを説明する。「準備期間は約1年。その間、ハウスメーカーをひたすら回りました。まだ何もない時期ですから、話せるのは未来だけ。『タウンライフができると、こんなにも営業の現場が変わります』と説いて回ったのです」

もちろん、精神論だけでは大企業は動かない。そこで重視したのが〝スイッチングコスト〟だ。

「お客さまが新たなサービスに二の足を踏むのは、『結果がわからないものにお金をかけたくない』『新たに面倒なことをしたくない』という理由がほとんど。そこで私たちは『導入費用は不要で、管理画面のつくり込みも当社が行います。申込書にサインだけいただければすぐにスタートできます』と謳《うた》ったのです。結果、多くの企業にご賛同いただき、『有名なハウスメーカーがこんなにたくさん出ているなら』と、ユーザーからも注目が集まるようになりました」

（注1）アフィリエイト・サービス・プロバイダ。広告主とアフィリエイターを仲介するサービス

PROFILE

笹沢 竜市
ささざわ りゅういち

群馬県出身。法政大学卒。大和ハウス工業を経て、自身の経験を生かすべく、2003年9月にダーウィンシステム（現・タウンライフ）を設立。代表取締役社長に就任。

ＡＳＰの構築でも、スイッチングコストが肝だった。「アフィリエイトで重視されるのは、導入の容易さと成果が早く確実に可視化されること。私たちはそのつくり込みにこだわり、一方で社内でも先行してＳＥＯなどに力を入れ、アフィリエイト効果の実証をしていました。その結果インフルエンサーの方々から『このサイトは稼げる』と評価され、現在の登録者は１万３０００名以上。強力な集客力を生み出しています」

「家づくり計画書」は、購入希望者の入力した条件に基づいてハウスメーカーから提案されるもの。「間取りプラン」「土地探し」「資金計画」の３つから構成される。

依頼主は複数の企業の提案を比較し、具体的なイメージを膨らませ、商談へと進み、希望に合致する企業に出合うことができる。ハウスメーカーにとっては〝本気度の高い〟見込み客が、スムースに低価格で獲得できる。このように徹底してユーザー目線を貫き、絶えずサービスの改善に注力してきたことが、「タウンライフ」の優位性を形づくってきた。

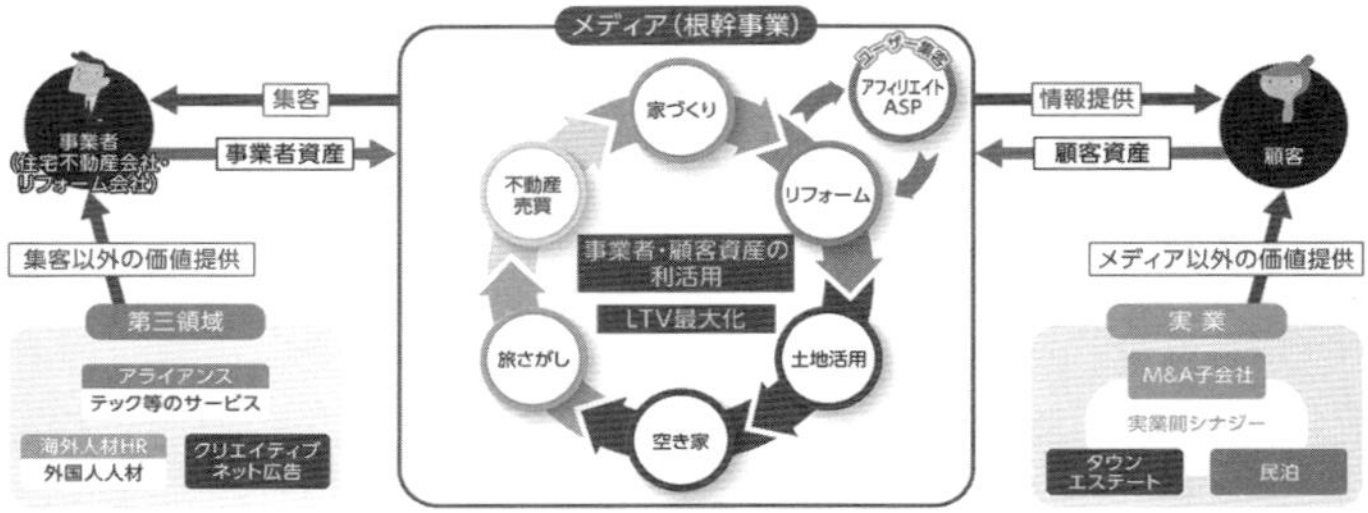

タウンライフグループ事業相関図。独創的で真似ができない強みにフォーカスし、社会の豊かさや暮らしの利便性を創造する

時代の変化に合わせて進化する事業システムを構築

「タウンライフ家づくり」の成長に合わせて、同社はリフォーム、不動産（マンション・宅地）購入、土地活用など多彩なメディアプラットフォームを構築してきた。

直近では「高齢化・過疎化が進み社会問題化している空き家」にスポットを当てて新たな市場創造に取り組んだり、自ら物件を所有して「民泊」を始めたりと業容を拡大。「住まいの総合サービス企業」としての立ち位置を強めている。

このような新事業開発を可能にするのが、「私たちならではの企業文化ではないか」と笹沢は言う。「社風を一言で表現するなら〝イノベーティブ〟。時代の変化に適応し、自ら変化し続けられることに創業時からこだわってきました」

その仕組みづくりの一つが、積極的なジョブローテーションだ。「セールス、プロモーション、マーケティングの部署間、あるいは担当メディアを毎年1回のペースで異動します。それによって各メディアのノウハウがわかったり、ユーザーの嗜好を取り込めたり、クライアントが真に求めているものが理解できたりと、俯瞰《ふかん》的な目線と個々の現場の理解が進み、イノベーションが起きやすい文化が育ってきました」。社内の声を聞いても「自分の意見をいいやすい」「早くから責任ある仕事を任せてもらえる」という実感が得られているという。

同社は2024年4月に、156ページにもわたる「中期経営計画書」を作成した。あらためて「持続的なイノベーションを生み出すこと」「社会の問題や課題をビジネスで解決すること」のミッションに立ち返り、3年後の目標に掲げた総売上高は100億円。創業時につけたダーウィンシステムの社名の通り、「自ら進化し、さらに進化する事業システムを創造するため」の次なるステージが始まろうとしている。

タウンライフ株式会社

〒163-1440
東京都新宿区西新宿3-20-2
東京オペラシティタワー40階
☎03-6276-7170
https://townlife.co.jp

設　立●2003年9月

資本金●2000万円

従業員数●168名（アルバイト含む）

売上高●30億1200万円（2024年3月期）

事業内容●注文住宅・リフォームなど住まいの領域で、消費者と企業をつなげるインターネットメディア「タウンライフ」の運営

ファイテン

ナノテクノロジーを究め、自然治癒力を引き出す すべての人に寄り添う〝ボディケアカンパニー〟へ

代表取締役 平田 好宏

チタンテープや健康ネックレスなどで次々とブームを巻き起こし、プロ野球、フィギュアスケート、陸上など、日本を代表するアスリートに数多くの熱烈なファンを持つファイテン。その本質は実は研究開発型企業であり、取得特許は110を超える。直近では最先端技術である「ナノメタックス」を起点に積極的な企業連携を進めており、新たな成長のステージを迎えている。

アパレルやシューズ、バッグなどの日用アイテムから、寝室・リビングなどの暮らしの空間、さらに自動車まで、あらゆるモノや空間を〝ファイテン化〟する技術「ナノメタックスコーティング」の普及が進んでいる。

ファイテン化とは「金属の特性を最大限活用することで、人間が本来持っているチカラを引き出し、カラダを本来のリラックス状態へとサポートすること」。ファイテンはこれまで、金属を

（注1）「超微粒子分散水」として特許を取得。チタンのほか、金・銀・プラチナ・パラジウムなどでも可能とした

ナノレベルで水中に分散させる独自技術(注1)を基に、その成分を含浸《がんしん》させたテープやネックレスなどの〝ボディケア商品〟を開発してきたが、新たに1ナノ未満での微粒子化を実現し、噴霧コーティングによる加工を可能にしたことで、新たな需要が想起されているのだ。

テーマは「暮らしまるごとリラックス」。ハウスメーカーと提携して「健康寿命の家®」の販売に乗り出し、自動車での施工実績も大幅に伸長中だ。企業向けではJリーグのチームバスや、大学の寮、ホテル、医療機関など幅広い場所で採用されており、「この事業の裾野は大きい。未知のマーケット、企業との新たなコラボの可能性はたくさんあります」と、創業社長である平田好宏は笑顔を見せる。

体の中を流れる〝生体電気〟の乱れに着目

知名度、実績とも抜群の同社だが、一方で、傍《はた》からはわかりにくい部分も多い。同社の商品は医療機器ではなく、

わが社はこれで勝負!

1ナノ未満

「ナノメタックスコーティング」を用いた新事業の裾野が拡大

金属を水溶化するメタックス技術をベースに、同社史上最小の1ナノ未満での微粒子化を実現。素材や生地への塗布や含浸だけではなく、霧状に吹き付けることが可能になったことで、〝ファイテン化〟の対象が一気に広がった。空間全体のコーティングや、既製品の後加工ができることなどが新たな強みとなる。

何がどう効果があるかを説明しにくいからだ。しかしファンの支持は変わらず厚い。それは同社が、理屈ではなく〝体感〟と実際の〝働き〟にこだわり続けてきたから。その結果がアスリートに支持され、口コミとして自然発生的に評判が広がっていったのだ。

このような同社の姿勢の原点にあるのは、平田が20代のころ「死ぬ可能性もあった」難病を突如発症したことだ。当時はまだ治療法も確立されておらず、医学関連の書籍を必死に読み漁り、自ら療法を試行錯誤するなかで、症状を抑えられるようになった。その過程で、「この経験を生かして、健康に悩む人たちの助けになることが自分の役目なのではないか」と天命にも近い思いが生まれ、療術師の資格を取り、治療院を開設した。

その後、数多くの症例を研究していくなかで「体の中を流れる生体電気の乱れを整えることが症状の緩和に有効なのでは」と着目。あらゆる素材や手法を試した結果、「特殊加工をした石英ガラスの粒をテープで体に貼る」と働きが持続することがわかった。この商品化が、今に至る同社のボディケア商品の出発点となる。

一方、「このテープは運動能力にも影響するのでは」と別のアプローチからも注目されるようになった。新たにチタンテープを開発すると、それを使用した高校野球部が甲子園に出場したり、大学陸上部が箱根駅伝で優勝したり、その話題がメディアでも頻繁に取り上げられたりと一気にブレイク。注文が殺到するようになった。

（注2）RAKUWAネック、RAKUWAブレスなど5アイテムが、選手がフィールドで着用できるMLB 公式野球用品として認定され、当時は米大リーグ30球団すべてのモデルを製造販売していた

PROFILE

平田 好宏
ひらた よしひろ

1953年、京都府出身。家業である京都の織物メーカー・矢代仁を経て、料理職人の道へ。修行中に大病を患った経験から独自に医療技術を研究し、1982年治療院を開業。1983年にファイテン設立、代表取締役に就任。

その後、日本プロ野球界での契約選手第1号である金本知憲《ともあき》選手をはじめ、日本を代表する名だたるアスリートに愛用され、全国区ブランドへと飛躍を果たしたのは周知の通りだ。

ただ、繰り返し訪れる大きなムーブメントは、経営を不安定にさせる要因にもなった。特に2007年、日本企業として初となる「MLBオーセンティックライセンス契約[注2]」の締結は非常に名誉なことではあったが、世界規模での生産の反動は大きく、膨大な在庫が残ってしまった。これらの経験から「売るべきものはファッションではなく働きだ」と、あらためて原点回帰の姿勢を打ち出していった。

働きがより優れた商品を出し続けるのがポリシー

その中心に置いたのが、同社の商品に実際に触って試して、悩み相談にも応える「体感型ショップ」の強化だ。さらに、近赤外線をはじめとする複数の波長を組み合わせた新技術「健光浴®」を用いた商品を開発し、「IPサロン（疲労回復サロン）」

（左）RAKUWAシリーズ（ネックレス）から、チタンテープ、健康食品、スキンケアなどまで、日々の健康を支える幅広い商品を提供。（右）全国153カ所で展開する同社の体感型ショップ

も展開。並行して、これらのレンタルサービス「ＲＡＫＵレンタ」もスタートし、人気の「健光浴シャワー」はすでにレンタル実績が１万５０００台を突破したという。「働きを直に感じてもらえる機会」は、着実に増加中だ。

このようにユーザーとのface-to-faceの関係を強化していくに当たり、重要になるのが人材力だ。その一環として、同社では立候補制での社長セミナーを実施しているという。

「中心となるテーマの一つが、どうすれば周囲の人と良い関係を結べるかということ。キーワードは感情の方向性です。『自分が持ちあわせる雰囲気が感情をつくり、その感情が思考を生み、行動につながる』というのが私の持論ですが、その考え方を共有し、具体的に何をなすべきかを実践的に取り組んでいます。これまでに参加した社員は１００名を超えました」

採用面では、学生時代にスポーツに頑張ってきたなど、実際に同社の商品を使って働きを体感した人が、その魅力に惚れ込んで入社してくることが多いのが強みだ。「アスリートの活躍をサポートする会社、というイメージも好意的に受け止められている」という。

一方、働きを数値で裏付けるための検証実験にも力を注ぐ。例えば脳梗塞リハビリセンターとともに、脳卒中後遺症（片麻痺）に対するリハビリ時の検証を行い、チタンテープや健光浴®、ナノメタックスコーティング後の商品を使用した場合の筋緊張の緩和が数値で示され、ナノメタックス空間では、ストレス数値の低下、集中力の向上などの成果がみられている。

「働きがより優れたものを出し続けるというのが、当社の開発ポリシーです。以前の水準を超えて初めて、商品を世に出していく。そういう意味でも、今回のナノメタックス技術は革新的なもの。グローバルでも勝負できる、大きな可能性を秘めています。『すべては健康を支えるために』、その理念の実現に向けてさらなる挑戦を続けていきます」

ファイテン株式会社

〒604-8152
京都市中京区烏丸通錦小路角
手洗水町678
☎075-229-7575
https://www.phiten.com/

設　立●1983年10月
資本金●3000万円
従業員数●571名（派遣・パート含む）
売上高●104億528万円（2024年1月期）
事業内容●スポーツ関連商品、健康食品、健康グッズ、医療機器、化粧品、ヘアケア商品などの製造販売

[編者]

ダイヤモンド経営者倶楽部

日本の次世代産業の中核を担う中堅・ベンチャー企業経営者を多面的に支援する目的で設立、運営されている。現在の会員数はおよそ700社に上る。

〒104-0061
東京都中央区銀座4-9-8 ＮＭＦ銀座四丁目ビル4F
電話 03-6226-3223
http//www.dfc.ne.jp

担当　北村和郎（kazu@dfc.ne.jp）

ザ・ファースト・カンパニー2025
——新市場を創造し未来を切りひらく

2025年4月22日　第1刷発行

編　者——ダイヤモンド経営者倶楽部
発行所——ダイヤモンド社
〒150-8409　東京都渋谷区神宮前6-12-17
https://www.diamond.co.jp/
電話／03･5778･7235（編集）　03･5778･7240（販売）
装丁/本文デザイン——ヤマダデザイン
編集協力——安藤柾樹（クロスロード）
製作進行——ダイヤモンド・グラフィック社
DTP———菊田肇、テック
印刷———勇進印刷
製本———ブックアート
担当———加藤貴恵

ISBN 978-4-478-12227-3